Liebe Leserinnen & Leser,

die Moselaner haben den Bogen raus. Die schönsten Weinberge haben sie an einen der schönsten Flüsse gestellt, der sich in wilden Schleifen über 242 Kilometer durch Deutschland schlängelt.

Das Tal zwischen Koblenz und Trier ist eng. Umso erstaunter sahen wir auf unserer Reise, wie viel dennoch hinein passt: Zum Beispiel der steilste Weinberg Europas. Mehr als 50 Millionen Rebstöcke. Immerhin neun Weltkulturerbestätten und ein 365 Kilometer langer Wanderweg. Natürlich die älteste Stadt Deutschlands und weit über 200 Burgen, Schlösser, Klöster und Kapellen.

Vor allem aber sind da natürlich die Menschen. Da ist zum Beispiel ein Hotelier, der mit seinem Auto durch die Mosel fährt. Oder das Ehepaar, das in Cochem einen der geheimsten Orte der Nachkriegszeit der Öffentlichkeit zugänglich machte. Dank einiger engagierter Bürger kann man im Hunsrück über die wohl schönste Hängeseilbrücke Deutschlands spazieren.

Überall in der Region bewegt sich etwas. Man kann gar nicht so viele Hüte aufsetzen, wie man ziehen möchte vor Winzern und Winzerinnen, die sich in den Steilhängen plagen. Sie haben dem Riesling eine sagenhafte Renaissance beschert. Die Vinotheken, die wir auf diesen Seiten zeigen, haben nichts mehr mit der Probierstube von damals gemein. Eine davon erinnert an ein Ufo. Auch in Sachen Unterkünften hat das Tal Originelles zu bieten – manchmal sogar ein Burggespenst.

Wir haben so viel Neues, Schönes und Spannendes entdeckt, dass wir gar nicht sagen können, was das Großartigste ist. Viel Spaß mit unseren Geschichten vom Fluss.

Ihre Carmen Sadowski

Inhalt

88

20

96

Grünblaues Wunder

Was für eine sagenhafte Landschaft ist das! Die Natur schlägt vor Freude Schleifen. Auf ihrer Tour von den Vogesen nach Koblenz nimmt die Mosel die schönsten Umwege in Kauf. Dabei können 2000 Meter Luftlinie immerhin 14 Flusskilometern entsprechen.

vorherige Seite: Gemächlich fließt die Mosel durchs Tal. Vorbei am Prinzenkopfturm nimmt ein Schiff Kurs auf die Doppelstockbrücke in Bullay.

oben: Wie ein Schleier umhüllt der Nebel die Weinberge bei Zeltingen.

unten: Am Deutschen Eck mündet die Mosel in den Rhein. Die Seilbahn transportiert Passagiere mit einer Geschwindigkeit von 16 Stundenkilometern zur Festung Ehrenbreitstein.

Gemächlich schiebt sich die Mosel an Weinbergen und Häusern vorbei. Ein Ausflugsdampfer gleitet fast lautlos ins weiße Nichts. Sogar die Frachtkähne scheinen sich ins Zeug zu legen, möglichst leise zu sein, als wollten sie den Zauber an diesem Morgen nicht stören. Auf einer Brücke hantierten Passanten umständlich an ihren Kameras herum. Einfach ist es allerdings nicht, diese Stimmung in Bildern festzuhalten. Denn was diesen mal grün, mal blau schimmernden Fluss so märchenhaft macht, das ist diese Stille. Lieblich, sanft, beschaulich kommt er daher. Eigentlich wirkt das Tal auch ohne milchigen Schleier immer ein bisschen wie in Watte gehüllt. Wer einmal dort war, der weiß: Die Mosel ist die Abwesenheit von Hektik.

In endlosen Kehren schlingert die Uferstraße dahin, denn im Laufe der Jahrmillionen hat sich die Mosel den schönsten Weg durch das Rheinische Schiefergebirge gegraben. Wenn sie sich plötzlich anders entschied, änderte sie halt die Richtung. So entstanden die vielen Schleifen, von denen der sogenannte Zeller Hamm wohl eine der imposantesten ist. Denn die beiden Enden bei Alf und Pünderich liegen knapp zwei Kilometer Luftlinie voneinander entfernt, während der Fluss von einem Ort zum anderen eine immerhin 14 Kilometer lange Ehrenrunde dreht.

Dann kam der Mensch und hat an den steilen Hängen Rebstöcke in die Erde gesetzt und auf die Felsen Burgen als mächtige Wächter. An den Ufern hat er Fachwerkhäuschen versammelt, fleißig Klöster gebaut, und überall mittendrin steinerne Heiligenfiguren und kleine Kapellen errichtet.

Es ist dieses Zusammenspiel von spektakulärer Natur und Menschenwerk, das dieses Tal so außergewöhnlich macht. Es entstand eine Flusslandschaft von gewaltiger Schönheit.

Hierzulande sind zwar vor allem die 242 Flusskilometer von Perl bis Koblenz bekannt, doch gebürtig ist die Mosel eine Französin. Sie entspringt an einem der ungewöhnlichsten Orte der Theaterlandschaft Frankreichs: Im beschaulichen Örtchen Bussang befindet sich das „Théâtre du Peuple". Seit über 100 Jahren lockt Europas letztes Holztheater sogar Zuschauer aus Paris in die dichten Wälder der südlichen Vogesen. Ganz in der Nähe sprudelt die markierte Quelle der viel besungenen „Moselle". Was man dort, auf 735 Metern, erblickt? Ein mickriges Rinnsal, eingefasst in Granitplatten. Hält man den Finger darauf, fließt sie natürlich trotzdem weiter und entwickelt sich auf ihrer Reise durch Frankreich und entlang der luxemburgischen Grenze zu dem berühmten kurvenreichen Spektakel.

Schönheit im Überfluss

Nach fast 550 Kilometern ist die Mosel bei Koblenz zu Ende, in Koblenz mündet sie in den mächtigen Rhein. Auf einer Landzunge thront Kaiser Wilhelm I. mit seinem Pferd. Ein „steinernes Geklump", spottete der Satiriker Kurt Tucholsky im Jahr 1930 bei einem Besuch. Jahre später holte die amerikanische Artillerie das Denkmal vom Sockel, doch 1993 wurde ein neuer Wilhelm auf den Sattel gehievt. Die Seilbahn hingegen ist von der Bundesgartenschau 2011 übrig geblieben. Wer in der Glaskabine hoch zur Festung Ehrenbreitstein gondelt, erkennt an manchen Tagen die Farbgrenze, wo das Mosel- auf das Rheinwasser trifft.

Wir reden hier aber nicht von reißendem Wasser, die Strömung ist eher schwach. Auch deshalb haben viele Wassersportler die sanfte Mosel für sich entdeckt. Immer mehr Stand-up-Paddler steuern standhaft gegen die Wellen der passierenden Schiffe an. Doch Udo Marx von Mosel-Kanutours in Ernst hat für jeden das passende Gefährt im Programm. Vor allem wird die Mosel für immer mehr Kanadier- oder Kajakfahrer zum Lieblingsrevier. Zu sehen gibt es beim Paddeln mehr als genug: Die Burgen wirken aus dieser Perspektive besonders erhaben. Direkt vor dem Kahn: Die Kollegen Ente und Schwan.

Nah am Wasser gebaut

Wasserwandern ist zwar Sport, vor allem aber auch Entspannung. Dabei schwingt der Fluss gemütlich an Weinbergen und Dörfern vorbei. Vorbei an Zell, Cochem und Traben-Trarbach, natürlich. An den Markierungen an Häuserwänden kann man erkennen, wie hoch die Fluten der sonst so beschaulichen Mosel gelegentlich steigen. Einige Flusskurven flussaufwärts quillt Bernkastel-Kues vor Tagesgästen fast über. Da ist aber auch Kattenes, mit einer der steilsten Straßen in Rheinland-Pfalz gesäumt von verwunschenen Mühlen. Oder Köwerich, mit dem Wohnhaus von Beethovens Ahnen mütterlicherseits. Und Mehring, das deutsche Weinköniginnen-Nest. Schon drei Mal holten Frauen aus dem kleinen Ort die begehrte Krone.

ROMANTICA
D-Bernkastel

oben links: Auf der Mosel sind Schwäne und Enten unterwegs, im Wasser schwimmen Zander, Welse und Aale. Im „Mosellum", der Erlebniswelt Fischpass an der Staustufe Koblenz, kann man die Flussbewohner hinter Glasscheiben vorbeischwimmen sehen.

unten links: Blick auf die Schleuse in Lehmen.

Das Leben an der Mosel dreht sich seit jeher um den Wein. Denn schon die Römer stellten fest, dass sich die Hänge mit ihren südwärts gerichteten Flanken besonders gut für den Anbau eignen. „Nicht nutzlos ist das steinige Schiefergebröckel, bringt es doch üppige Frucht, trieft doch der Fels von Wein", schrieb der Dichter Venantius Fortunatus um das Jahr 588. Heute bewirtschaften etwa 2.850 Winzerbetriebe etwa 8.680 Hektar Rebflächen entlang der deutschen Mosel sowie ihrer Nebenflüsse Saar und Ruwer.

Unter den Trauben ist der Elbling an der südlichen Weinmosel eine regionale Spezialität. Die alten Römer nannten Deutschlands älteste Rebsorte „vitis alba", die weiße Rose. In der Region reifen der Rivaner, gemeinhin als Müller-Thurgau bekannt, ebenso Weißer Burgunder und Spätburgunder heran. Vor allem aber sind die Moselwinzer und Winzerinnen als Großmeister in der Disziplin Riesling bekannt.

In den Weinbergen verkünden große Schilder „Trittenheimer Apotheke", „Erdener Treppchen" oder „Kröver Nacktarsch". Kein anderes Land gibt seinen Hängen so fantasievolle Namen. Im Sommer tänzeln Apollofalter über den Reben. Der seltene Schmetterling fühlt sich nur dort zuhause, wo es warm ist. Auf Sizilien zum Beispiel. Und eben an den berühmten Steilhängen der Mosel. Dazwischen immer wieder Wälder, in denen Wildschweine, Rehe und Hirsche wohnen. Am Ufer haben sich schnatternde Nilgänse breit gemacht.

Alles im Fluss

Auf der Mosel kommt nur manchmal ein wenig Hektik auf: Wenn ellenlange Frachter voller Kohle um eine Kurve biegen, hüpft das Kanu kurz wie ein Korken. Auch etliche Ausflugsdampfer, Hotelschiffe und Freizeitkapitäne sind unterwegs. Allerdings musste man die Mosel einst mit Schleusen bändigen, um sie überhaupt schiffbar zu halten. Es war eines der ersten europäischen Großprojekte der drei Anrainerstaaten Frankreich, Luxemburg und Deutschland. Als die Präsidenten Heinrich Lübke und Charles de Gaulle die Mosel als Großschifffahrtsstraße 1964 gemeinsam mit einweihten, waren die einstigen Feinde einander wieder ein Stück näher gerückt. Für die Moselaner haben die Staustufen einen angenehmen Nebeneffekt, beherbergen sie doch alleine im deutschen Teil insgesamt zehn Wasserkraftwerke, die rund 250.000 Haushalte mit Strom versorgen.

Doch wenngleich die Mosel eine der am stärksten befahrenen Wasserstraßen Europas ist, hat sie nichts von ihrer Romantik eingebüßt und sich vielerorts ihre ursprüngliche Schönheit bewahrt. Entlang ihrer 242 deutschen Flusskilometer prägt die Mosel eine zwei Jahrtausende alte Kulturlandschaft. Wer leise ist, hört noch das Echo ihrer Geschichte.

Typisch Mosel!

Schon gehört, schon gewusst, schon da gewesen?

Cochem von seiner schönsten Seite

WAPPEN von COCHEM
WAPPEN von COCHEM

Ballone „made in Schweich“

Heute schon einen Ballon gesehen? Falls ja: Sehr wahrscheinlich, dass er von der Mosel stammt. Denn die Firma Schroeder fire balloons ist der einzige Hersteller von Heißluftballonen in Deutschland. In Schweich produzieren 27 Mitarbeiter Körbe, Gasflaschen, Brenner und die imposanten Hüllen. Alles in Handarbeit, jeder ein Unikat. Und jeweils im August rollt das Unternehmen als Veranstalter den roten Teppich aus für einen Massenstart im Industriepark Föhren. Piloten aus ganz Deutschland, Frankreich, den Beneluxstaaten, der Schweiz und Großbritannien kommen, um sich dem Wind auszuliefern. Zwei Tage lang steigt dann die Mosel-Ballon-Fiesta mit Fuchsjagden und dem bei den Zuschauern beliebten Night-Glow – das ist das Befeuern der Ballone bei Nacht, im Takt der Musik. Wer in einem Heißluftballon mitfahren will, kann sich vorher anmelden.

Info und Termine: www.moselballonfiesta.de

Besondere Note

Jährlich von Juli bis Oktober ist die ganze Region auf Hochkultur eingestimmt. Ob Kammermusik oder Jazz. Ob Orchestermusik der Klassik und Moderne oder Barock- und Vokalkonzerte. All das ist das Mosel Musikfestival. Schon da gewesen? Gäste und hochkarätige Künstler aus ganz Europa, aus Moskau und Übersee reisen an, wenn sich die Weinberge in einen Konzertsaal verwandeln. Stars und Neuentdeckungen bespielen auf 280 Kilometern entlang der Mosel charmante Orte, deren Atmosphäre auch jenen imponiert, in deren Leben klassische Musik normalerweise die zweite Geige spielt: Vom Trierer Dom über Schloss Föhren und die Saarburger Glockengießerei bis hin zu renommierten Weingütern, Kapellen und Ruinen.

Info, Karten und Termine: www.moselmusikfestival.de

Der erste Platz der Republik

Tobsuchtsanfälle, fliegende Schläger und riesiger Jubel beim Ass. Das ist Minigolf, eine Art Zeitreise in die Kindheit. Jeder hat es schon gespielt. Inmitten von 50erJahre-Gartenarchitektur ist die Welt noch in Butter. Schon gewusst, dass sich der älteste Minigolfplatz Deutschlands in Traben-Trarbach befindet? Anfang der 50er Jahre hatte der Traben-Trarbacher Arzt Dr. Walter Spier beim Urlaub im schweizerischen Ascona das neue Spiel gesehen und die Lizenz dafür erworben. Deshalb wurde 1955 in seiner Heimatstadt der allererste Minigolfplatz gebaut. Bis heute kann man in der Wildbadstraße zwischen alten Bäumen und prächtigem Blumenschmuck wundervoll putten.

Wildbadstraße (gegenüber Moseltherme), 56841 Traben-Trarbach

Was sagt die Uhr?

An der Mosel wimmelt es von steinernen Sonnenuhren, die uns die wahre Ortszeit anzeigen. Die wohl bekannteste unter ihnen wurde 1842 gegenüber von Wehlen platziert: Steht die Sonne auf ihrem Zenit, fällt der Zeigerschatten auf die Zwölf. Werden 32 Minuten hinzugezählt, erhält man die mitteleuropäische Zeit in Wehlen. Übrigens: Der Zeltinger Zeitmesser von 1620 gilt als die größte Sonnenuhr in den Weinbergen der Republik. Und das Brauneberger Exemplar kann als einziges von Sommerzeit auf Winterzeit umgestellt werden: Für den Werbegag wird dem Schlagschatten des Sonnenuhrstabs ein anders angeordnetes Ziffernblatt unterlegt.

Erleuchtung an der Mosel

Ein Haus voller Buddhas ist nicht unbedingt das, was man an der Mosel erwartet. Schon mal gar nicht in dieser Dimension. Und nicht in einer ehemaligen Weinkellerei, der weltweit einzigen im Jugendstil. Doch das Buddha-Museum in Traben-Trarbach beherbergt sogar die größte Sammlung buddhistischer Kunst in Europa. Auf gigantischen 4000 Quadratmetern werden immerhin rund 2000 wertvolle Exponate aus fernen Ländern gezeigt, die der verstorbene Geschäftsmann Wolfgang Preuß in über 20 Jahren zusammengetragen hat. Von der winzigsten, gerade mal vier Millimeter großen Buddha-Statue der Welt (steht im Guinnessbuch der Rekorde!) bis hin zur 3,80 Meter großen Bronzefigur. Zwei Tonnen bringt die Schwerste unter ihnen auf die Waage! Ein Museum mit besonderem Ambiente und schönem Dachgarten.

Bruno Möhring Platz 1, 56841 Traben-Trarbach,
www.buddha-museum.de

Das große Rennen

Alle zwei Jahre wieder

Schon gewusst, dass Zeltingen-Rachtig mit einer eigenen Operette punktet? Alles begann in den 50er Jahren mit einem Lieder-Wettbewerb. Dafür sollte die bekannte Weinlage „Zeltinger Himmelreich" besungen werden. Der Sieger Werner Stamm gewann drei Wochen Urlaub in Zeltingen-Rachtig. Der Ort gefiel dem Komponisten so gut, dass er gleich ein ganzes Singspiel über das Winzerleben schrieb. Die Moseloperette „Zeltinger Himmelreich" wurde zum Dauerbrenner - aufgeführt von den Bürgern und Bürgerinnen der Gemeinde. Alle zwei Jahre steht das halbe Dorf auf der Freilichtbühne, dem Marktplatz von Zeltingen, der zugleich der Ort der Handlung ist.

Karten und Infos: Verkehrsbüro, Uferallee 13, 54492 Zeltingen-Rachtig, Tel. 06532 / 2404, www.zeltingen-rachtig.de

Wenn flotte Seifenkisten fast geräuschlos bergabwärts flitzen, dann ist der dritte Sonntag im Mai. An diesem Tag legen sich Jungen und Mädchen für den Pokal der Römischen Weinstraße ins Zeug. Zu sehen gibt es fabelhafte High-Tech-Gefährte! Vom rosa Flitzer mit Blumen über leuchtende Geschosse, die an Raketen erinnern, bis zum nostalgischen Bus ist alles dabei. Der Spaß hat in Klüsserath eine lange Geschichte. „Schon in den 70er Jahren wurden hier Seifenkisten gebaut, seit 1983 gibt's den Seifenkistenklub Moselflitzer Klüsserath, kurz SKK genannt", erzählt Rennleiter Norbert Friedrich. Vor gut 50 Jahren vom Rennfieber gepackt, ist der Klüsserather bis heute an vorderster Front dabei: Als Deutschland-Chef und auch Vorsitzender der Europäischen Seifenkistenvereinigung. Neben dem Abenteuer in der Seifenkiste an den Weinbergen entlang zu brettern, stehe noch ein anderer Gedanke: „Es geht darum, dass die Familie als Team einen ganzen Tag lang zusammen verbringt." Für Kuchen, Bratwurst und Wein an der Rennstrecke ist gesorgt.

Auf der Kreisstraße am Ortsausgang in Klüsserath, immer am dritten Mai-Sonntag, ab 10.30 Uhr, kein Eintritt.

Ein ganzes Dorf feiert den „Stohlgang“

Was treibt Menschen dazu an, offiziell den „Stohlgang“ zu feiern? Genau das passiert nämlich in Ediger-Eller, einer kleinen Doppelgemeinde in der Nähe des Calmonts. Und zwar jedes Jahr im August, immer am Montag nach dem Heimatfest „Ediger Osterlämmchen“.

Angefangen hat alles vor über 30 Jahren. Damals zogen ein paar Bürger der umtriebigen Gemeinde mit Topfdeckeln und Akkordeon durchs Dorf. Damit sie sich zwischendurch setzen konnte, hatte jeder einen Stuhl im Gepäck. Der „Edschara Stohlgang“ war geboren! So heißt das Fest im Dialekt. Über die Jahre wurden es immer mehr, die bei dem Spektakel mitmachen wollten. Aus der lustigen Idee ist eine liebgewonnene Tradition geworden, inzwischen reisen sie aus allen Himmelsrichtungen an, um mitzufeiern. Rund tausend Menschen pilgern der Musikkapelle hinterher und tanzen. Allerdings bringen Einheimische und Gäste nicht nur einen Stuhl mit, sondern auch Käse, Wurst und sonstige Leckereien sowie die eine oder andere Flasche Wein, wenn sie die Gassen belagern.

Weinfest „Ediger Osterlämmchen“, zweites Augustwochenende (von Freitag bis Sonntag), Montag ab 14 Uhr traditioneller „Stohlgang“.

Kletterpartie im Märchenwald

Das Abenteuer wartet hoch über Traben-Trarbach. Und zwar auf den Ruinen der Festung Mont Royal, mitten in einem alten Douglasienbestand. Im Mosel Adventure Forest, mit mehr als 200 Kletter-Elementen in 14 Parcours, können Klein und Groß in einer Höhe von zwei bis zwölf Metern den Nervenkitzel suchen. Der Clou in diesem Kletterwald ist die sogenannte Canopy-Strecke. Hinter diesem Begriff verbirgt sich eine Disziplin der besonderen Art: Denn anders als ein herkömmlicher Kletterparcours besteht ein Canopy-Trail aus Seilrutschen. Dabei saust man in Traben-Trabach über eine rund 1500 Meter lange Strecke von Baum zu Baum! So etwas hatte es in ganz Europa bislang nicht gegeben. Man muss keine Sportskanone sein, um hier über sich hinaus zu wachsen. Die erfahrenen Betreuer stehen mit Rat und Tat zur Seite. Tipp: Nicht-Kletterer können auf der Dachterrasse bei Kaffee und Kuchen eine schöne Zeit verbringen.

Mosel Adventure Forest, Kletterwald im Mont Royal, 56841 Traben-Trarbach, Tel. 06541 / 817772, www.adventureforest.de

RATSKELLER
I WANT TO
VANS
BEACH
PARTY
MIAMI

Da steht kein Pferd auf dem Flur

Immer am zweiten Wochenende im August steigt in Piesport das Pferdefestival, eine der größten Partys der Region. Mit Artisten, Camping, Moselwein und schrägen Klamotten. Mit gutgelaunten Menschen, ganz viel Spaß und Bands. Von House über Hip-Hop bis Punk ist alles vertreten. Nur von Pferden fehlt jede Spur. Wie kommt das? „Vor vielen Jahren gab es in der Gegend ein paar Punks, die in voller Montur auf ihren Pferden unterwegs waren", erklärt Veranstalter Roman Bastgen vom Verein für Kunst, Kultur und Inklusion e.V.. Die Bezeichnung „Pferdepunk" wurde zum geflügelten Wort – so kam das unkonventionelle Festival ohne Pferde zu seinem Namen. Unter dem Motto „Feiere deinen Nächsten wie dich selbst!" werden mindestens 1.400 Leute erwartet.

Infos und Tickets unter: www.pferdefest.de

Wunderkammer in Kinderbeuern

Kann ein Warenhaus eine Sehenswürdigkeit sein? Aber sicher, wenn es in seiner Art etwas Besonders ist. Eines dieser Schätze ist das Kaufhaus Vogt in Kinderbeuern. Hier gibt es alles zu kaufen, was man nicht essen kann.

Schraube locker? Wenn Nachziehen nicht mehr hilft, muss eine neue her. Die Betonung liegt auf „eine". Ein Fall für Thomas Vogt. Denn dessen Kundschaft muss keine lästigen Großpackungen kaufen, die dann jahrelang in Schubladen gammeln. Auch Rohre und Kabel sind am laufenden Meter zu haben. Doch nicht nur deshalb trägt sein Geschäft zu Recht den Beinamen „Das etwas andere Kaufhaus im Alftal".

Der Laden in der Dorfstraße mutet nach einem Überbleibsel aus vergangenen Tagen an, denn hinter der blauen Fassade verbirgt sich ein nahezu unglaublicher Waren-Mix. Spaten, Teesiebe und Blumenerde gesucht? Schraubenzieher, Brettspiele oder eine neue Küche gefällig? Ein Kindersitz muss her oder Staubsaugerbeutel? Ob Schreibhefte, Streusalz oder Fugensand: Bei Vogts gibt es alles zu kaufen, was man nicht essen kann – beziehungsweise keinesfalls essen sollte.

Die Moselaner lieben ihr Kaufhaus Vogt. Seit über 100 Jahren betreibt die Familie das kunterbunte Geschäft in Kinderbeuern. „Gegründet wurde es damals als Handwerksbetrieb", erzählt Ladenhüter Thomas Vogt, Chef der dritten Generation. „Großvater Johann war gelernter Stellmacher, ein inzwischen so gut wie ausgestorbener Beruf." Das liegt daran, dass die Nachfrage nach Kutschen und Fuhrwerken heutzutage nicht mehr allzu groß ist. Mit Vater Edgar hielten Töpfe und Pfannen Einzug in den Laden. In den 60er und 70er Jahren kamen Tapeten, Teppiche und Küchen hinzu. Nach und nach machten neue Baumärkte vielen Kleinbetrieben den Garaus. Doch die Vogts bauten sogar noch 1000 Quadratmeter an und hievten Baustoffe in schwere Regale.

Auf einer großen Fläche über zwei Etagen ist heute jedes Fleckchen mit Waren bedeckt. Trixie-Belden-Bücher. Apfelschälmaschinen. Eine Hollywoodschaukel. Allerhand Kurioses und Liebenswertes findet sich in dem riesigen Labyrinth. Manche der Schätze ruhen etwas länger und sind noch mit DM-Preisen versehen. Doch vor allem als Spezialist für Lagerfeuerromantik hat sich das Kaufhaus einen Namen gemacht. In der Ausstellung stehen Kaminöfen für jeden Geschmack: Kachelöfen, geschlossene oder Modelle mit Durchblick. In lila, schwarz oder hellblau, ummantelt mit Sandstein oder Keramik. Kunden zwischen Koblenz und Trier sind Feuer und Flamme.

Doch ob man nun auf der Suche nach einer einzelnen Schraube ist oder ob man nur ziellos vorbeischaut – man kann hier wunderbar stöbern und hat nach einer Stunde lange noch nicht alles entdeckt. Schön, dass es so ein ‚Kaufhaus für alles' gibt. Da ist das Einkaufen nicht nur praktisch, sondern auch ein bisschen nostalgisch dazu. Das macht das Kaufhaus Vogt zu einer Sehenswürdigkeit über der Mosel.

Hier haben nur Ziegen etwas zu meckern

Hat da etwa jemand blöde Ziege gesagt? Von wegen! Die cleveren Tiere wissen genau, wie man unbeschadet testet, ob der Elektrozaun scharf ist. Flink klettern sie über den Hang, auf dem Kirschenberg zwischen Ensch und Schleich, und umkurven meckernd ihren Ziehvater Joachim Wiese. Sie führen vor wie man elegant die Steillagen an der Mosel erklimmt, die Schönheiten aus der Schweiz. „Das sind Pfauenziegen, ihre ursprüngliche Heimat ist der Kanton Graubünden", erklärt der Besitzer stolz. „Sie können aus dem Stand einen Meter hoch springen und die Böcke bekommen bis zu 1,50 Meter lange Hörner." Die Gebirgsziegen sind eine Seltenheit. Nur dank einiger Liebhaberzüchter hat die im Bestand gefährdete Rasse überhaupt bis heute überlebt. Einer davon ist Joachim Wiese.

Als Joachim Wieses Schwiegersohn, der Bio-Winzer Herbert Kuhnen aus Bekond, den Weinberg übernahm sah es dort noch aus wie Kraut und Rüben. „Das war ein undurchdringlicher Urwald, kein Hund traute sich mehr rein", beschreibt der Weinbauer die Lage. Das ganze Gestrüpp und die Bäume mussten schnellstmöglich weg. Er entschied sich, neue Mitarbeiter zu engagieren: Und zwar Ziegen. Eine kleine Herde sollte für freie Sicht im knapp sechs Hektar großen Wingert sorgen. Denn dort wo Maschinen und andere Nutztiere schlapp machen, sind die Kletterkünstler in ihrem Element. Ihre kulinarischen Vorlieben: Brennnesseln und wuchernde Hecken. Auf den Hinterbeinen stehend ernten sie Blättern von Bäumen. Sie knabbern liebend gern Gehölze kurz und klein, turnen dabei über Mauern und machen selbst mit dornigem Gestrüpp kurzen Prozess. Sanfte Landwirtschaftspflege ohne Chemie, dank des guten Appetits der gefräßigen Ziegen. Ökologischer geht's kaum.

Um die schlauen Tiere vor Dummheiten zu bewahren, sollte Joachim Wiese im bevorstehenden Ruhestand nach dem Rechten sehen. So jedenfalls war der Plan. „Doch als der Schwiegervater einmal Lunte gerochen hatte, war er nicht mehr zu bremsen", beschreibt Herbert Kuhnen. Denn Joachim Wiese verkündete, er werde keinesfalls nur Ziegen füttern – sondern auch züchten. Kollegen und Bekannte fassten sich an den Kopf. „Sie fragten, ob ich noch alle Tassen im Schrank hätte", lacht Joachim Wiese. Doch aus der unkonventionellen Idee ist eine passionierte Mission geworden; heute kennt man den Enscher weit über die Mosel hinaus als anerkannten Experten. Der Züchter spricht fachmännisch von Flankenstrichen, Pseudo-Tb-Monitoring, Körung. Er hat Preise für seinen Nachwuchs gewonnen und kennt sich bestens aus mit den Eigenarten der Tiere. „Ziegen sind nicht gerade zimperlich im Umgang miteinander und haben einen eigenen Kopf ", erzählt der Fachmann. „Wenn sie zum Beispiel keinen Bock auf Klauen schneiden haben, werden sie sehr zickig." Weit über 30 Ziegen und Böcke hat der Enscher erfolgreich zum Gärtner gemacht. Die Kletterkünstler tragen zum Erhalt einer einzigartigen Kulturlandschaft bei. „Die fressen alles weg, was ihnen in die Quere kommt", attestiert Herbert Kuhnen den Vierbeinern ihre Qualitäten als Landschaftsgärtner.

Kein Wunder, dass immer mehr Winzer auf die tierische Helfer setzen. Auch in Starkenburg, Pünderich und Reil nehmen Ziegen den Kampf gegen die Verbuschung auf. In Graach kann man die geselligen Tiere sogar bei der Arbeit in ihrem Gehege besuchen. Sich die Hufe in den Bauch zu stehen macht die Herde nicht an, die ganze Mannschaft will klettern und fressen. Hauptsache kauen, den lieben langen Tag. Dafür ist ihr Tisch reich gedeckt an der Mosel.

Sie meckern von morgens bis abends, doch ihrem Chef ist das egal. Joachim Wiese hat an der Mosel schon viele Böcke erfolgreich zum Gärtner gemacht.

Hier gibt's diese Aussicht,

Ein Panorama wie auf der Fototapete. Abgrundtief schön. Wer den Fluss und die Weinberge von oben sehen will, muss natürlich hinaufsteigen. Wir zeigen Aussichtspunkte, für die sich die Fußarbeit lohnt. Aber wer will, kann auch gemütlich mit dem Auto vorfahren.

Moselschleife bei Bremm

von der alle sprechen

Ingenieurskunst und berühmte Weine

Um einen ersten Eindruck vom Moseltal zu bekommen, kann man gut an seinem Ende anfangen. Genau dort, wo der Fluss kurz davor ist, an der deutschesten aller Ecken in den Rhein zu münden, ist die Landschaft besonders imposant. Terrassenmosel heißt die Region, in der auf vielfach übereinander getürmten Parzellen Spitzen-Weine gedeihen. Im Schatten von Deutschlands einst höchster Autobahnbrücke ist der berühmte Winninger Uhlen zu Hause.

Wer über das 136 Meter hohe Bauwerk fährt, der könnte einen atemberaubenden Ausblick genießen, wäre er eben nicht gerade auf einer Autobahn unterwegs. Deshalb empfiehlt es sich, auf dem Rastplatz „Aussichtspunkt Moseltal West“ (Richtung Hunsrück), etwa sechs Kilometer südlich vom Kreuz Koblenz zu pausieren. Autofahrer, die in Richtung Eifel unterwegs sind, halten an der Raststätte „Moseltal Aussichtspunkt Ost“ und gehen zu Fuß auf die gegenüberliegende Seite. Der Clou: Die beiden Rastplätze sind über einen Pfad, der unmittelbar unter dem Brückenkörper entlangführt, miteinander verbunden. Links neben dem Rasthaus geht's ein wenig bergauf zur Plattform Blumslay mit schönen Aussichten über die Weinberg-Terrassen. Hier läuft der 224 Kilometer lange Moselhöhenweg entlang. Direkt an den Raststätten starten und enden die sieben und elf Kilometer langen Rund-Wanderrouten „Mosella – Zauber Winningen“.

Anfahrt: Autobahnraststätte Moseltal West, A61 Richtung Mainz, 56333 Winningen, Streckenkilometer 230,8.

Spektakulärer Tiefblick vom Calmont

Der gigantische Berg. Eine nahezu perfekte Schleife. Und mittendrin, von der Mosel umspült, steht die Klosterruine Stuben, das ehemalige Augustinerinnenstift. Hier stört kein Gitter, keine Absperrung die Sicht, unmittelbar vor den Füßen geht es 290 Meter bergab.

Der Gipfel des Calmonts gehört zu den bekanntesten Aussichtspunkten an der Mosel, denn die Region punktet gleich mit zwei Superlativen: Zum einen mit den steilsten Weinlagen Europas. Zum anderen mit der Haarnadelkurve, durch die Kapitäne ihre Frachtkähne im Schneckentempo manövrieren. Mit einem Radius von nur 350 Meter ist der Bremmer Bogen die engste aller Moselschleifen.

Eine weitere Besonderheit ist die luftige Gastronomie: Von Frühsommer bis Anfang Herbst versorgt ein ortsässiger Winzer in seiner Hütte die Besucher mit Getränken. Das kommt besonders denen gelegen, die mit hängender Zunge das Gipfelkreuz erreichen: Viele wandern nämlich über den Höhenweg hinauf, andere kraxeln ab Ediger-Eller durch den abenteuerlichen Calmont Klettersteig. Vor dem Preis steht jedoch nicht immer der Schweiß: So mancher fährt mit dem Auto vor und läuft nur noch ein paar Schritte bis zum Aussichtspunkt.

Anfahrt: Der ausgeschilderte Weg schlängelt sich hinter Bremm über die L106, Richtung Beuren, den Berg hinauf. Oben angekommen nach rechts in den Wirtschaftsweg Richtung „Römische Tempelanlage“ einbiegen. Diesen Weg geradeaus fahren (am Parkplatz vorbei) bis zu einer Schranke. Dort parken.

360 Grad-Panorama vom Prinzenkopf

Auf dem Prinzenkopf bei Pünderich ist die Mosel in allen Himmelsrichtungen präsent. Schon Kronprinz Friedrich Wilhelm war begeistert von dieser Sicht, so kam der Felskopf später zu seinem Namen. Um 1880 wurde deshalb nahe der Marienburg der erste Aussichtsturm errichtet, den Wind und Wetter jedoch ruckzuck zersetzten. Zwei Nachfolger aus Stein und Holz überdauerten ebenfalls nicht die Jahre.

Und so steht nun seit 2009 an gleicher Stelle eine 23 Meter hohe, robuste Stahlkonstruktion. Für den Bau dieses prächtigen Turmes hatten die Menschen aus den turmanliegenden Gemeinden alle zusammengelegt. Der Pündericher Schriftsteller Peter Friesenhahn organisierte einen Benefizabend mit Beiträgen rund um den Turm. Die 130 Treppenstufen wurden symbolisch an Familien, Freundeskreise, Firmen, aber auch an Gäste verkauft. Örtliche Unternehmen arbeiteten kostenlos am neuen Prinzenkopfturm.

Sobald der Atem nach dem Aufstieg wieder gleichmäßig fließt, kann man von der Plattform ein 360-Grad-Panorama genießen. Über die knapp 14 Kilometer lange Moselschleife Zeller Hamm! Von Pünderich über Reil bis hin zum Calmont. Über den Kondelwald, die Eifel und über Alf. Auch ein Münz-Fernrohr wurde installiert. Und im „Gipfelbuch" kann man in Ruhe blättern, wer schon alles da war.

Anfahrt: Ab Alf auf der B 53 in Richtung Zell an der Doppelstockbrücke Bullay vorbei bis zur ausgeschilderten Einfahrt „Marienburg". Etwa 100 Meter unterhalb der Marienburg parken. Von hier sind es knapp 10 Minuten Fußweg bis zum Turm.

Eisenbahnarchitektur vom Reiler Hals

Seit dem 18. Jahrhundert steht die Dreifaltigkeitskapelle auf dem Reiler Hals. Es heißt, sie wäre damals der Anlaufpunkt für eine berüchtigte Räuberbande gewesen. Doch heute lässt der zwei Kilometer lange Aufstieg vom Bahnhof Reil vor allem die Herzen von Eisenbahnfans höher schlagen: Denn von dem Berg hat man einen schön Blick auf ein beeindruckendes Zeugnis historischer Eisenbahnarchitektur. Eingezwängt zwischen Felsen und Fluss rattert der Zug an 92 Gewölbebögen vorbei bis er nach gut 780 Metern im Prinzenkopftunnel verschwindet. Das Bauwerk ist Deutschlands längstes Hangviadukt, ein Teil der legendären Kanonenbahnstrecke.

Nein, es wird hier natürlich nicht geschossen. Der Name stammt aus dem 19. Jahrhundert, damals hatten die Preußen die Franzosen besiegt. Um das 1871 annektierte Elsaß-Lothringen besser an das Deutsche Reich anzuschließen, wurde eine durchgängige Bahnlinie Berlin-Metz geschaffen. Aus rein militärstrategischen Gründen, um eben Kanonen so schnell wie möglich vor den Toren Frankreichs zu haben. Praktischerweise ließen sich mit der Bahn auch Fässer transportieren, was dem Weinhandel zur Blüte verhalf. Viele behaupten, der Abschnitt bei Pünderich sei die schönste Eisenbahnstrecke im Land.

Anfahrt: Ab Reil über die Bergstraße (L 105 in Richtung B 49). Der Parkplatz liegt rund um die Dreifaltigkeitskapelle.

Winzerdorf mit Aussicht

Normalerweise liegen Winzerorte am Fluss. Anders Starkenburg. Etwa 250 Meter über der Mosel klettern die Winzer den Berg hinunter statt hinauf – was letztendlich aber auf die gleiche Plackerei hinaus läuft.

Im Mittelalter stand hier die mächtige Starkenburg, der Stammsitz der Grafen von Sponheim, die später umzogen in die Grevenburg. Auch wenn von der Burg nahezu nichts mehr zu besichtigen ist, gibt es von dem gleichnamigen 260-Seelen-Dorf aus immer noch etwas zu sehen: Den Fluss und Traben-Trarbach von oben, der Blick reicht bis nach Enkirch und weit in die Eifel hinein. Der Aussichtspunkt liegt gut eine Stunde Fußmarsch von der Doppelstadt entfernt.

Anfahrt: Ab Traben-Trarbach über die Moselbrücke in Richtung Hunsrückhöhenstraße (L 190) bis Parkplatz alte Schanze, links einbiegen auf die L 192 in Richtung Starkenburg - Enkirch. Oder über Enkirch Richtung Hunsrückhöhenstraße nach Starkenburg.

Logenplatz über Kröv

Von Kröv aus schlängelt sich die Serpentinenstraße in Richtung Mont Royal. Auf dem Parkplatz an der kleinen Bergkapelle stoppt so gut wie jeder Tourist. Denn von hier aus sieht man die sich windende Mosel. Am Ufer gegenüber liegt Wolf mit seiner Klosterruine. Ein Panorama, so beliebt, dass es schon eine Sonderbriefmarke zierte.

Dieser Aussichtspunkt ist sogar möbliert: Ein paar Schritte oberhalb der Kapelle steht eine Liege von der aus man bequem stundenlang auf die Landschaft und die Lage Kröver Nacktarsch gucken kann. Wanderer blicken über ein Meer aus Reben, ihre Augen sagen: Mensch, wie ist das schön!

Um die Namensgebung der Großweinlage ranken sich verschiedene Legenden. Eine leitet sich von der Tatsache ab, dass der Hang im Winter ohne Laub „nackt“ wirkt. Die andere lässt man sich am bestem im Ort erzählen. Doch auch wenn es verschiedene Geschichten gibt: Dieser merkwürdige Name ist weit über Deutschlands Grenzen hinaus bestens bekannt.

Anfahrt: Ab 54536 Kröv über die Bergstraße bis zur Kapelle.

Ein 23 Meter hoher Holzturm im Detzemer Wald. Wer die 105 Stufen bis zur oberen Plattform bewältigt, hat die beste Aussicht über Schleich, Pölich und Mehring.

Einzigartige Felsenlandschaft in Ürzig

Motorboote pflügen durch die Mosel, Ausflugdampfer schippern gemütlich daher. Gute 200 Meter über der Mosel blickt man fast senkrecht hinunter auf die Uferstraße. Zu Füßen liegt der Winzerort Ürzig. Viel Fachwerk, verwinkelte Gässchen, alte Patrizierhäuser. Hier sitzt Geschichte in jeder Mauerritze. Der gesamte Ortskern mit der Kirche steht unter Denkmalschutz.

An den Steillagen gedeihen besonders feine Tropfen. Wer hier im Wingert steht, hat einen grandiosen Blick auf berühmte Riesling-Lagen der Mittelmosel: Erdener Prälat, Erdener Treppchen und Ürziger Würzgarten. Und mittendrin die einzigartige Felsenlandschaft mit der Sonnenuhr. Weiter oben wurde ein sehenswerter Kräuter- und Gewürzgarten angelegt, in dem über 10.000 Stauden, historische Rosen und Heilpflanzen blühen.

Läuft man den asphaltierten Weg weiter, gelangt man in den Kletterweg im Erdener Treppchen. Die steilsten Abschnitte sind nur über Stahlleitern zu überwinden.

Anfahrt: Vom Rathausplatz in Ürzig über die Würzgartenstraße. Rechts am kleinen Friedhof vorbei führt ein asphaltierter Wirtschaftsweg steil nach oben in den Weinberg.

Fünfseenblick im Detzemer Wald

Etwa 25 Kilometer vor Trier, hoch oben im Wald zwischen den Orten Detzem und Mehring, steht ein 23 Meter hoher Holzturm namens Fünfseenblick.

Warum der Turm so heißt, erkennt man mit etwas Fantasie, wenn man die 105 Stufen bis zur oberen Plattform bewältigt. Die wilden Windungen der Mosel, immer unterbrochen von Weinbergen und Wäldern, sehen von oben ein bisschen aus wie fünf Seen.

Rechter Hand ist in der Ferne die Detzemer Staustufe mit der Insel zu sehen. Der Blick schweift über Schleich, Pölich und Mehring.

Wer sich zu Fuß auf den Weg macht, wandert zum Beispiel ab Mehring entlang der Mühlenstraße Richtung Bachtal. Von da ab geht's weiter auf dem Wanderweg Le 6 bis zum Turm.

Anfahrt: Ab Detzem und Mehring weisen Schilder im Ort den Weg. Die Straße führt bis zum Parkplatz, etwa 100 Meter unterhalb des Aussichtspunktes.

Geadelte Schleife bei Trittenheim

Auf einer Landzunge macht sich ein kleines Häusermeer breit, umgeben von Weinlagen names Altärchen oder Trittenheimer Apotheke. In der Welt der Schleifen ist sie unbestreitbar ein Höhepunkt: die Moselschleife bei Trittenheim und Leiwen.

Der Ausblick von der Zummethöhe wurde schon hunderttausendfach fotografiert und als Postkarte verschickt. Oben steht eine Stele mit der Aufschrift „Schönste Weinsicht Mosel 2016".

Von hier aus sieht man auf eine der ersten Brücken an der Mittelmosel, im Jahr 1909 gebaut. Aber auch das einzig erhaltene Fährturmpärchen zwischen Koblenz und Perl steht sich immer noch gegenüber. Die sogenannte Pontenfähre verkehrte zwischen 1829 und 1908 und wurde an einem Hochseil über den Fluss geführt. Die Türme, in denen der Fährmann wohnte, dienten als Verankerung des Stahlseils.

Mehrere Wanderwege wie der Moselsteig, Etappe 8 Leiwen-Neumagen und der Römersteig führen zum Aussichtspunkt.

Anfahrt: Ab Trittenheim der Beschilderung ‚Zummethöhe' folgen. Fürs Navi: 54340 Leiwen, Panoramaweg

Aussicht über Wehlen

Bekanntlich führen alle Wege nach Rom – wenn man nur lange genug läuft. Diese Weinbergpfade führen alle innerhalb von gut 80 Gehminuten vom Weinort Zeltingen über Wehlen und Graach bis nach Bernkastel-Kues. Es ist der längste Steilhang an der Mosel.

Der Aussichtspunkt nahe des Ortes Graacher Schäferei gibt den Blick frei auf berühmte Lagen wie die Wehlener Sonnenuhr oder Graacher Himmelreich. Über den Fluss spannt sich hier die einzige Hängebrücke im Tal. In der Ferne erkennt man die Ruine der Rosenburg nahe der Zeltinger Sonnenuhr, die größte ihrer Art in den Weinbergen Deutschlands.

Tipp: Nicht weit von diesem Aussichtspunkt entfernt, liegt eine Waldschänke mitten in den Weinbergen. Mit Restaurant, Biergarten und natürlich Aussicht.

Anfahrt: An der Uferstraße von Zeltingen Richtung Bernkastel, links nach Graach einbiegen und den Schildern „Graacher Schäferei" folgen.

Die etwas andere Seite von

Trier

Trier, Augusta Treverorum, einst schillernde Kaiserresidenz. Vor 2000 Jahren schufen Römer diese Großstadt mit allem Komfort. Roma secunda, zweites Rom, das ist schon lange her. Doch geblieben sind monumentale Bauwerke, die heute zum UNESCO-Welterbe der Menschheit zählen. Mit den Barbarathermen besitzt Trier sogar die größte Thermenanlage nördlich der Alpen. Doch Trier ist stolz auf alle Neune! Da ist zum Beispiel das Wahrzeichen der Stadt, die Porta Nigra. Dann der Dom, die älteste Bischofskirche Deutschlands. Da sind die Basilika, dieser Koloss in Rostrot und das Amphitheater mit seinen geheimnisvollen unterirdischen Gängen. Und was kann man in der Stadt sonst noch erleben? Wir zeigen sechs sehenswerte Orte.

Dorf am Fluss

Pittoreske Gastromeile, Dorf in der Stadt. Der einzige Ort, an dem man merkt, dass Trier an der Mosel liegt. All das ist Zurlauben. Nur 10 Minuten Fußweg von der Porta Nigra entfernt liegt die urige Straßenzeile. Am Zurlaubener Ufer lebten früher die Fischer und Schiffer. Viele der Häuschen wurden um 1800 mit Gärtchen und Pavillons gebaut, woran die Jahreszahlinschriften über den Eingängen erinnern. Heute sind darin Gaststätten untergebracht – von der Kneipe bis zum Gourmettempel ist alles dabei. Die Gärten wurden in Biergärten mit insgesamt über 700 Sitzplätzen umgewandelt. Traditionell am ersten Wochenende im Juli feiern Einheimische und Touristen hier eines der beliebtesten Volksfeste der Region. Mit Feuerwerk, Bands und Blick auf die gegenüberliegenden roten Felsen.

Fürstlicher Garten

Die grüne Lunge der Innenstadt macht ihrem Namen alle Ehre. Denn der Palastgarten ist mit eleganten Brunnen, steinernen Skulpturen und Pflanzen gesegnet – und all das vor historischer Kulisse. Auf der einen Seite die Konstantin-Basilika mit dem Kurfürstlichen Palais und auf der anderen Seite die Ruinen der Kaiserthermen. Den Südflügel des Palais, den man vom Garten sehen kann, ließ Erzbischof Johann Philipp von Walderdorff um 1756 errichten. Die kunstvolle Treppe im Innern ist eines der Meisterwerke von Balthasar Neumann-Schüler Johannes Seiz. Der Park ist jederzeit bei freiem Eintritt zugänglich. Doch weil das Palais eine Behörde beherbergt, sind Besichtigungen von Foyer oder Barocksaal nur an bestimmten Tagen möglich.

Info: www.trier-info.de

Bücher-Schatzkammer

Die Stadt Trier besitzt zwei großartige Globen, die einmal das Himmelzeit mit dem halleyschen Kometen und einmal die Erde abbilden. Sie stammen aus der Werkstatt von Vincenzo Maria Coronelli aus Venedig und wurden gegen Ende des 17. Jahrhunderts hergestellt. Einschließlich Gestell türmen sich die von Hand kolorierten Kugeln auf fast zwei Meter auf. Doch vor allem hütet die Schatzkammer der wissenschaftlichen Bibliothek Juwelen aus Papier: Zum Beispiel eine Gutenberg-Bibel und den zum Weltdokumentenerbe zählende Codex Egberti aus dem 10. Jahrhundert. Unter den jahrhundertealten Handschriften befindet sich auch der weltweit nur ein einziges Mal nachgewiesenene „Fischkalender" von 1493.

Info: www.stadtbibliothek-weberbach.de

Illuminale

Schimmernde Froschkönige und glitzernde Discokugeln, Projektionen auf antiker Fassade und leuchtende Bäume. Wenn Rasenflächen von Lampions erobert werden, sich bunte Kringel in der Mosel spiegeln und die ganze Umgebung für einige Stunden funkelt – dann ist wieder Illuminale. Ob im Palastgarten, im Nells Park oder hoch auf dem Petrisberg: Mit großem Erfolg rückt das Fest jährlich im Spätsommer ausgewählte Orte in und um Trier in ein besonderes Licht. Bis zu fünfzehntausend Menschen strömen mit Einbruch der Dunkelheit zu den Anlagen der Stadt, wenn das Lichterfest Bäume und Bauten mit tausenden LEDs und Strahlern, Lampions und Lichtbögen inszeniert. Zusammen mit Vorführungen von Lichtkünstlern, Artisten und Musik schafft die Illuminale ein Fest von Trierern für Trierer.

Aussicht mit Kunst

Vom Aussichtspunkt auf dem Petrisberg hat man einen eindrucksvollen Blick auf die gut einhundert Meter tiefer liegende Stadt. Vom Ziegeldach der Konstantin-Basilika über die Porta Nigra bis hin zu den Kaiserthermen ist alles schön zu sehen. An Schönwettertagen herrscht hier reger Betrieb, denn das Gelände ist bei Gästen und Einheimischen gleichermaßen beliebt. Früher waren hier französische Soldaten stationiert. Nach deren Abzug wurde der Petrisberg zur Landesgartenschau umgestaltet. Zu diesem Anlass schenkte die Stadt Luxemburg eine begehbare Skulptur: Den sogenannten Turm Luxemburg, der eigentlich „Turm der Träume und Sehnsüchte" heißt. Das rostrote Kunstwerk ist gut 20 Meter hoch und 25 Meter breit. Auf der obersten Plattform blickt der Besucher in Richtung Luxemburg Stadt.

Auf Besuch bei Marx

Fast jeder weiß, wie der geistige Vater des Kommunismus ausgesehen hat. Denn fast immer wird der wohl bekannteste Sohn der Stadt als älterer Herr mit grauer Mähne und Rauschebart abgebildet. Doch wer ist dieser Mensch wirklich gewesen? Wer mehr über seine Herkunft und Familie, vom Werdegang und vom Exil in London wissen will, ist in der Brückenstraße 10 richtig: „In diesem Hause wurde am 5. Mai 1818 Karl Marx geboren", steht auf der Fassade. Heute beherbergt es eine Dauerausstellung, die über das Leben des Philosophen informiert und dessen Theorien anschaulich vermittelt. Das außergewöhnlichste Exponat ist wohl der Sessel, in dem Marx 1883 gestorben sein soll. Sehenswert ist auch der Garten.

Info: www.fes.de/museum-karl-marx-haus

Da muss man durch

Der Moselsteig zählt mit Recht zu den schönsten Wanderwegen im Land, denn auf der Strecke gibt es überall Wein, Wein, Wein! Aber auch Burgen, Klettersteige und immer wieder Aussichten zum Heulen schön. Wer spektakuläre Flussschleifen und steile Weinberge liebt, der nimmt jeden einzelnen der 365 Kilometer unter die Füße.

Fabelhafte Aussicht! Blick vom Moselsteig auf Kobern-Gondorf mit Burg und Fluss.

In einem Seitental der Mosel liegt Thalveldenz am Fuße einer berühmten Ruine. Hier wird es früh am Tag dunkel (oben links). Ingenieurskunst: Die erste Doppelstockbrücke Deutschlands steht in Bullay. Mitte: Weinbergslandschaft bei Zeltingen.

Ein steiniger Pfad schraubt sich in steilen Serpentinen durch den Berg, rechts hohe Natursteinmauern, links Rebstöcke soweit das Auge reicht. Auf einem Felsvorsprung hat sich eine kleine Menschenmenge versammelt. Ein Geländer verhindert, dass die Wandergruppe das Tal schneller erreicht als gewollt. Die Sonne wirft warmes Licht auf den Fluss, der eine Kurve nach der anderen nimmt. Unten flitzen winzige Autos geräuschlos am Ufer entlang, Fachwerkhäuser spiegeln sich im Wasser. „Fast schon kitschig, so schön ist das", sagt eine Frau über die Landschaft, die ihr da zu Füßen liegt. „Postkartentauglich", bestätigt ihr Begleiter.

Ja, auf dem Moselsteig läuft es sich romantisch. Zwischen Perl an der deutsch-französisch-luxemburgischen Grenze und Güls, einem Vorort von Koblenz, wimmelt es vor Aussichten zum Heulen schön. Über 365 bestens ausgeschilderte Kilometer folgt der Fernwanderweg dem Fluss, der sich so wenig begradigt wie kein zweiter durch eine Bilderbuchlandschaft schlängelt. Überall Burgen, ehrwürdige Klöster und Kapellen, an jeder Ecke so ein steinernes Monument, das von früheren Machtansprüchen und vom Alltagsleben der einstigen Bewohner des Tals erzählt. 13 Mal wechselt der Steig die Uferseiten. Er führt über bequeme Wege und schmale Schieferpfade, an Schluchten entlang in steile Höhen, den Berg hoch und wieder hinunter. Wer die gesamte Strecke hinter sich gebracht hat, hat stolze 11.000 Höhenmeter bewältigt.

So viel Schönes hat man selten für sich alleine. Der Moselsteig hat sich längst zu einem Magneten für Menschen jeden Alters entwickelt und auf Anhieb die Auszeichnung „Leading Quality Trail - Best of Europe" eingeheimst. Sogar Kinder machen sich in Wanderschuhen auf die Socken. Fragt man die Leute, was sie umtreibt, ist von Entschleunigung die Rede. Vom meditativen Rhythmus des Gehens. Sie wollen der Natur nahe sein, abschalten vom Alltagsstress. Und an der Mosel ist das eben sehr einfach: Smartphones haben im Tal oft sowieso keinen Empfang. Vor allem aber gedeihen hier nicht nur feine Weine, sondern eben auch Wanderwege für jedermann. Die 24 Etappen des Moselsteigs, je zwischen 11 und 24 Kilometer lang, sind äußerst abwechslungsreich. Einige sind eher leicht zu gehen, andere höllisch steil. Zusätzlich wurden noch abzweigende Rundwege ausgezeichnet, die sogenannten Traumpfade und Seitensprünge.

Wir soffen uns langsam den Fluss hinab

Der Weg führt bei Nittel an wilden Orchideen vorbei, genauso wie am größten wild wachsenden Buchsbaumbestand nördlich der Alpen bei Karden. Hinter jeder Windung gibt es etwas anders zu sehen. Über Kröv leitet der Steig nicht nur an einem schönen Kletterpark vorbei, sondern auch durch die Überreste der ehemaligen Festung Mont Royal. Ludwig XIV. ließ das riesige Bollwerk ab 1687 errichten, bis zu 8.000 Fronarbeiter mussten damals dort schuften. Schon einige Jahre später standen die Bastionen, das Zeughaus, Pulvermagazine, Privathäuser, über ein Dutzend Plätze und Straßen. Doch mit dem „Frieden von Rijswijck" 1697 war es mit der Mont Royal auch schon wieder vorbei. Im Austausch gegen die Stadt Straßburg ließ der Sonnenkönig den

Auf dem warmen Schiefergestein in den Weinbergen fühlen sich Eidechsen wohl.
Von der ehemaligen Festung Mont Royal sind nur noch Reste übrig. Hier steht heute auch ein schöner Kletterpark.

Koloss von seinen Leuten schleifen. Heute kann man noch die Reste der gewaltigen Mauern und Kasematten sehen und in die freigelegten Kellergewölbe steigen.

Viel sehen kann man auf nur wenigen Wanderkilometern zwischen Pünderich und Alf: Den Prinzenkopftunnel, das längste Hangviadukt im Land und die erste Doppelstockbrücke. Dieser Abschnitt der sogenannten Kanonenbahn zählt für viele zu den schönsten Eisenbahnstrecken im Land. Noch berühmter wurde allerdings eine andere Eisenbahnlinie, die hier zwischen 1905 und 1962 mit gerade mal 40 Stundenkilometern verkehrte. „Wir soffen uns langsam den Fluss hinab", schrieb Kurt Tucholsky über seine Fahrt mit diesem Zug. „Wir fuhren mit dem Saufbähnchen von Trier nach Bulley hinunter, und auf jeder dritten Station stiegen wir aus und sahen nach, wie es mit dem Weine wäre. Es war."

Das Bähnchen ist zwar längst Geschichte, doch noch immer kommen sie in Scharen, um beim Wein nach dem Rechten zu sehen. Mal im Glas, mal dort, wo er wächst. Deshalb schmettern einem auf dem Moselsteig Passanten „Guten Tag!" mit allen möglichen Akzenten entgegen. Menschen aus den Niederlanden, Österreich und sogar den Vereinigten Staaten reisen an die Mosel, um den Riesling-Canyon der Deutschen zu inspizieren. Der Boden, auf dem sie laufen, ist übersät von Schieferbruch, eben jenem Gestein, das dem Riesling seinen typisch mineralischen Charakter einhaucht. Über schiefe Treppchen schleppen sie sich schnaufend durch die Reben hinauf zum Gipfelkamm. Smaragdeidechsen sonnen sich auf Felsen, Falken ziehen über den Köpfen ihre Kreise. In den Weinbergen summt und brummt es. Wermut und buschiger Mauerpfeffer sprießen durch das alte Gestein. Da wachsen der Goldlack und der Aufrechte Ziest. Wundervoll, diese Namen.

In schöner Regelmäßigkeit legt sich den Wandernden die Mosel zu Füßen und erzählt in aller Seelenruhe von der typisch deutschen Gemütlichkeit. Durchs Wasser pflügen Ausflugsdampfer, die zum Abkürzen verführen. Was soll's, wer nicht mehr Schritt halten kann, fährt halt eine Etappe. Von der ausgeschilderten Route sind die Mosel-Orte selten weiter als zwei Kilometer entfernt.

Von Eck zu Eck

Der Steig passiert zum Beispiel Trier, die erste große Station der Mosel auf deutschem Boden. Goethe, den es in den Wirren der französischen Revolution in die Gegend verschlug, nannte die wohl älteste Stadt Deutschlands noch despektierlich ein Pfaffennest. Heute gilt sie vor allem als eine Art begehbares Freilichtmuseum. Die Porta Nigra, das Amphitheater, die Kaiserthermen. Seit gut 2.000 Jahren spannt sich die Römerbrücke über die Mosel.

Antike Spuren findet man in der Region an fast jeder Ecke. Etwa 15 Kilometer von Trier entfernt wurde in Longuich die Villa Urbana ausgegraben und rekonstruiert. Man nimmt an, dass sie als Alterssitz eines höheren Beamten aus dem nahen Augusta Treverorum, also Trier, diente. In Neumagen-Dhron liegt das nachgebaute Römerschiff Stella Noviomagi, der Stern von Neumagen, vor Anker.

Flussabwärts präsentiert Piesport, die Heimat des weltberühmten

Die Ruine von Schloss Veldenz (oben). In Schloss Lieser ging der deutsche Kaiser Wilhelm II. einst ein und aus. Blick über die Weinberge in Zeltingen-Rachtig.

Goldtröpfchens, seine „Moselloreley". Zwar kann das Felsmassiv in Sachen Bekanntheit der großen Schwester am Rhein nicht das Wasser reichen. Dafür beherbergt sie mit der Erzlay den einzigen Weinberg im Tal, der nur mit dem Boot erreichbar ist.

Vom Wasser wegbewegen muss man sich, um nach Veldenz zu gelangen. Das Tal am Fuße der Hunsrückberge ist schon wegen der schönen Aussichtspunkte den Seitensprung wert. Romantisch thront die Ruine des ehemaligen Grafen über dem Ortsteil Thalveldenz-Hammer, der aus vier Häusern besteht. Wer im richtigen Moment dort ist, sollte die Gelegenheit für eine Besichtigung des schönen Rittersaals nutzen. Denn nur einmal pro Woche öffnet die Besitzerfamilie das Tor für Besucherinnen und Besucher.

Nicht weit entfernt präsentiert Lieser das nächste Schloss. Erbaut hat es die steinreiche Familie Kirsch-Puricelli gegen Ende des 19. Jahrhunderts. Nicht nur der Hochadel, auch der deutsche Kaiser Wilhelm II. ging hier ein und aus, um seinen Minister Clemens Freiherr von Schorlemer-Lieser zu besuchen. Heute beherbergt das Historismus-Schätzchen ein luxuriöses Hotel mit Restaurant. Schräg gegenüber liegt Bernkastel-Kues. Mit der historischen Altstadt, nahezu unglaublich vielen Touristen und der Burg Landshut als Krönung.

Von dort führt der Moselsteig über die Weingärten nach Zeltingen-Rachtig, dem Dorf mit der eigenen Operette. Gleich gegenüber überrascht Wehlen mit Bier. Im 13. Jahrhundert lebten dort die Nonnen des Zisterzienserordens, heute beherbergt das Kloster Machern eine Brauerei. Einen Katzensprung entfernt, im Winzerdorf Ürzig, trifft sich einmal im Jahr die große Harley-Familie. Jeden August kommen hunderte von Motorradfahrer zum traditionellen Weinfest der kleinen Gemeinde. Ein sehenswertes Spektakel.

Ein anderes Spektakel bietet Reil: Fast jeder hat schon von dem Moto-Cross Rennen auf dem Heißen Stein gehört. Da sind aber auch noch die geflügelten Werbeträger der Gemeinde: In den Sommermonaten ziehen auf dem Dachboden der katholischen Kirche „Maria Heimsuchung" etwa 4.000 Fledermaus-Weibchen ihre Jungen auf. Die Wochenstube des Großen Mausohrs gilt als die kopfstärkste ihrer Art im Land. Der Ort feierte die Tiere sogar schon mit einem Fledermausfestival. Viel gefeiert wird auch in Ediger-Eller, einem Urlaubsort mit einer lebendigen Dorfgemeinschaft. Das Dorf bietet schöne Fachwerkbauten aus drei Jahrhunderten auf engstem Raum. Die Gemeinde ist stolz auf den am reichsten verzierten Kirchturm seiner Art in ganz Europa. Eine fachkundige Führung durch die Stadtmauern von Alt-Ediger mit Stadtführer Norbert Krötz sollte man sich nicht entgehen lassen. Ein so typisches Moseldorf bekommt man nur noch selten zu sehen und anders als seine Schwester Beilstein gilt das romantische Kleinod noch als Geheimtipp.

Die Schöne vom 500-DM-Schein

Über die Landesgrenzen hinaus bekannt hingegen ist Cochem, eine der nächsten Stationen am Moselsteig. Schon von weitem sieht man die Reichsburg, das Wahrzeichen der kleinen Stadt. Etwa im 11. Jahrhundert auf einem Bergkegel erbaut, wurde sie später zwar völlig

Im Kloster Machern in Wehlen ist heute eine Brauerei untergebracht (links). Die Reichsburg in Cochem gehört zu den prominentesten Touristenzielen im Tal (rechts oben). Nie erobert oder zerstört wurde die prächtige Burg Eltz.

zerstört. Doch der reiche Berliner Kaufmann Ravené kaufte das Gemäuer und ließ sie im Stil der Burgenromantik in den Jahren von 1868 bis 1877 wiedererrichten. Wer in eine „echte" Burg hineinsehen will, der stapft auf den Spuren des berühmten Schriftstellers Victor Hugo („Der Glöckner von NotreDame") durch den Wald zur Burg Eltz. Völlig unzerstört thront das Sammelsurium aus Türmen, Erkern und Gauben auf einem Felsen, das seit 33 Generationen derselben Grafen-Familie gehört. „Wir klopften. Der Hund bellt. Keiner da", notierte der Franzose vor 200 Jahren in seinem Tagebuch. Auf Besuch war die Herrschaft damals noch nicht eingerichtet, heute allerdings kommen sie zuhauf, um die Burg vom alten 500-Mark-Schein zu sehen.

Bei Kobern-Gondorf verläuft sich der Besucherstrom, denn kurz vor dem Ende des Moselsteigs haben sich gleich zwei Schlösser und zwei Burgen auf engstem Raum versammelt. Die Burgen gehören zur Mosel genauso wie die vielen Straußwirtschaften am Ufer. Alle drei Schritte steht man vor einer dieser urigen Winzerschänken. Sitzt man in einem der idyllischen Höfe, lösen sich alle Anstrengungen in Wohlgefallen auf. Der Weinberg ruft? Ach, lass ihn doch schreien bis er heiser wird. Jetzt endlich her mit dem Riesling. Und hat man sich erst einmal mit dem Glas in der Hand so gemütlich niedergelassen, ist der Tag sowieso gelaufen.

Schatzkammern des Wissens

Cusanusstift in Bernkastel-Kues

In der Vinothek im Gewölbekeller können Besucher bis zu 160 Weine verkosten

rechts: Die Kopie einer der ältesten Landkarten Mitteleuropas, die auf Cusanus zurückgeht.

Bernkastel-Kues, ein kleines Städtchen von großem Ruf. Hier schlägt das Herz der Mittelmosel. Während der Saison spülen Schiffe stündlich Massen von Touristen an Land. In der Altstadt passt zwischen die vielen Fachwerkhäuser fast kein Blatt Papier. Kues hingegen hat sich am gegenüberliegenden Flussufer breit gemacht.

Der Blick fällt auf das mittelalterliche Anwesen des Cusanusstifts, gleich rechts neben der Brücke. Der spätgotische Bau wirkt zwar wie ein Kloster, doch er beherbergt eine der bemerkenswertesten sozialen Einrichtungen Europas, die Nikolaus von Kues seiner Heimatgemeinde vor über 550 Jahren schenkte.

Der Universalgelehrte stiftete ein Armenhospital, das nicht nur Adelige und Geistliche aufnahm, sondern auch ganz normale Bürger. Dreiunddreißig bedürftige Männer, über 50 Jahre alt, sollten hier sorgenfrei für den Rest ihrer Tage leben können. Benannt wurde es nach seinem Namensvetter, dem Schutzpatron der Schiffer: St. Nikolaus-Hospital.

Seine Stiftung hat der Kaufmannssohn so umsichtig geregelt, dass sie alle Krisen und Katastrophen überstand: Kriege und Hungersnöte, die Schrecken der Nazizeit, Schwere Seuchen, Inflationen und Währungsreformen. Nie wurde das Hospital zerstört. Seit der Einweihung im Jahr 1464 finden Menschen hier Fürsorge und Unterkunft, es hat keine Unterbrechung gegeben. Somit ist das Cusanusstift das älteste Altenheim in unserem Land.

Der Weltstar aus Kues

Es war ein kluger Kopf, der diese Einrichtung ins Leben rief: Von der Mosel zog er hinaus in die Welt und meisterte einen kometenhaften Aufstieg vom Bürgersohn bis in die höchsten Ränge der Kirche. Nikolaus von Kues, latinisiert Cusanus genannt.

Nur einen Katzensprung vom Stift entfernt, wurde der große Philosoph als Nikolaus Cryfftz (Krebs) im Jahr 1401 geboren. Es ist ein auffälliges Haus, mit einem Zinnenkranz rings um das steile Dach steht es am Nikolausufer. Wer genau hinguckt, entdeckt den Krebs hoch oben im Wappen an der Fassade.

Um 1570 auf den Grundmauern des ursprünglichen Anwesens errichtet, konnte der stattliche Bau in den 1970er Jahren kurz vor dem Verfall von der Cusanus-Gesellschaft gerettet werden. Seitdem beherbergt er ein kleines Museum. Heute wohnt Gerhard W. Kluth unterm Dach des Schmuckstücks am Nikolausufer. Der freie Journalist und Orgelbauer führt durch die kleine Ausstellung, die vom Leben des Philosophen erzählt.

Mutiger Denker und Reformer

Schon mit 15 Jahren ging Nikolaus zum Studieren nach Heidelberg, erfahren die Besucher. Später passierte der junge Mann die Alpen, um an der Elite-Universität für Kirchenrecht in Padua zu promovieren. Cusanus liebte aber auch die Zahlen, beobachtete die Sterne, beschäftigte sich mit Theologie. Es gab kaum eine Disziplin, die den wachen Geist nicht interessierte.

So wie er hatte bislang noch niemand gedacht! Cusanus stellte Autoritäten in Frage und das herrschende, geozentrische Weltbild

auf den Kopf. Als Erster lehrte er die Unendlichkeit des Alls. Vor allem nahm der Philosoph in genialer Vorahnung vorweg, was die großen Naturforscher erst lange nach ihm als wissenschaftliche Theorie formulierten: „Die Erde kann nicht Weltzentrum sein. Sie kann also auch nicht ohne jede Bewegung sein", schrieb er im Jahr 1440 in seinem Hauptwerk „De docta ignorantia" (Von der gelehrten Unwissenheit).

Auf der anderen Seite war Nikolaus ein engagierter Kirchenmann. Einer der großen Reformdenker an der Schwelle vom Mittelalter zur Neuzeit. Ein Leben lang hat er um die Überwindung von Gegensätzen gerungen, immer wieder wies er darauf hin, die Vielfalt in einer allumfassenden Eintracht zu begreifen. Dabei billigte der Freigeist auch dem Islam eine Existenzberechtigung zu. Hätte man auf Cusanus gehört, wären der Welt die Religionskriege womöglich erspart geblieben! Er dachte über Grenzen hinweg, die andere für unumstößlich hielten. Viele waren schockiert, manche witterten sogar Blasphemie. Doch Cusanus hatte längst eine Stellung in der Kirche erreicht, die ihn nahezu unangreifbar machte. Er wurde Bischof, einziger deutscher Kardinal seiner Zeit und Stellvertreter des Papstes. Als eine Art Außenminister des Vatikans hat der Gelehrte aus Kues Europa wirklich durchwandert. Eine der ältesten Landkarten von Mitteleuropa geht auf seine Zeichnungen zurück. Auf der Germania-Karte, im Geburtshaus zu sehen, ist zwischen Trier und Koblenz nur ein Ort eingetragen: Das kleine Dorf Kues. Seine Heimatgemeinde behielt Nikolaus immer im Herzen.

Das Erbe des berühmten Kardinals

Den Menschen an der Mittelmosel bleibt der Kardinal vor allem als großzügiger Spender in Erinnerung. Der Vater hatte es als Schiffbesitzer zu einem Vermögen gebracht, nach dessen Tod steckte Nikolaus gemeinsam mit den Geschwistern das gesamte Erbe in die soziale Stiftung.

Auch neun Hektar Weinberge der besten Riesling-Lagen der Mittelmosel gehörten dazu. In der Vinothek, untergebracht im Gewölbekeller auf dem Gelände des St. Nikolaus-Hospitals, können sich Besucher heute durch über 160 Weine probieren.

Im Stift leben inzwischen 65 Männer und Frauen. Um einen atmosphärischen Kreuzgang hat der Baumeister damals in zwei Etagen die Zellen angeordnet. Schon in Zeiten der Schlafsäle wurden die Bewohner mit eigenen Zimmern bedacht. Nikolaus von Kues hatte ein ausgeprägtes Gefühl für die Würde des Menschen, individuelle Freiräume waren ihm wichtig.

Der studierte Jurist hat nichts dem Zufall überlassen, auch die Verwaltung organisierte er bis in Detail: An der Spitze der Einrichtung sollte immer ein Geistlicher stehen, der im ersten Stock des Hospitals wohnte. Heute wacht Pastor Leo Hofmann über das Erbe des berühmten Philosophen. Der 56. Rektor des Stifts kennt jedes architektonische Detail in dem spätgotischen Gebäude. Mehrere tausend Besucher im Jahr lassen sich von dem Cusanus-Experten die prächtige Stuckdecke im Barocksaal zeigen und durch die stimmungsvolle Kapelle führen.

(links):
Rektor Leo Hoffmann in der Bibliothek.

(rechts): Die Stiftungsurkunde wurde am 3. Dezember 1458 ausgestellt. Das wertvolle Schriftstück liegt im Cusanus-Geburtshaus hinter Glas.

(rechts unten):
Der Kreuzgang im Cusanus-Stift

Cusanus-Geburtshaus
Nikolausufer 49 • 54470 Bernkastel-Kues
Tel. 06531 - 28 31
www.nikolaus-von-kues.de

St. Nikolaus-Hospital/Cusanus-Stift
Führungen von April – Oktober
Cusanusstraße 2 • 54470 Bernkastel-Kues
Tel. 06531-22 60 • www.cusanus.de

Regale voller kostbarer Raritäten

Über der Sakristei liegt die Schatzkammer des Stift: Hinter einer schweren Panzertür öffnet sich die kleine Kathedrale der Bücher. Hier lagern hunderte von Werken – bis zu 1.000 Jahre alt. Viele davon hat Cusanus auf seinen Reisen aufgestöbert, als Geschenke erhalten oder mit reich illuminierten Titelseiten für sich anfertigen lassen.

Alle Disziplinen sind in den Regalen vertreten: Philosophie, Theologie und Medizin. Recht, Geschichte und Astronomie. Bis heute zeugt die Sammlung von Cusanus' unglaublichem Wissensdrang, der ihm den Ruf eines herausragenden Universalgelehrten seiner Epoche einbrachte. Ein Prunkstück ist das im Jahr 1460 gedruckte Catholicon aus der Werkstatt von Cusanus' Zeitgenossen Gutenberg. Auch sämtliche Hauptwerke des Kardinals sind zu sehen. Über 300 Handschriften aus der Zeit des 9. bis zum 15. Jahrhundert sind versammelt, manche davon mit Randnotizen des Cusanus versehen. Es ist eine Kostbarkeit ersten Ranges, die hier aufbewahrt wird!

Als Cusanus am 11. August 1464 im italienischen Umbrien starb, wurden die Bücher nach Kues gebracht. In seinem Testament hatte der Kardinal das Hospital als Universalerben eingesetzt und bestimmt, seine Bibliothek möge für immer in seiner Heimat bleiben.

Sein Leib ruht in der Kirche San Pietro in Vincoli in Rom, aber sein Herz, auch das ließ Nikolaus an die Mosel tragen. Es liegt in der Kapelle des Stifts begraben.

NICOLAUS

Die Weingasse in Beilstein

Einzigartige Stadtführung durch Beilstein

Für alle Fälle Vitz!

Beilstein zieht magisch an! Denn hier gibt's noch die pure Moselromantik wie damals in den schwarzweißen Heimatfilmen. Und es gibt Rainer Vitz: Mit seinen einzigartigen Stadtführungen wurde der Wahl-Beilsteiner längst selber zum Besuchermagnet.

„Mir ist es wichtig, die Lebensbedingungen der kleinen Leute in den letzten paar hundert Jahren zu verdeutlichen. Das Moseltal, die Eifel und der Hunsrück waren lange Zeit das Armenhaus Deutschlands."
Rainer Vitz, Stadtführer

Der Blick auf Beilstein vom gegenüberliegenden Ufer. Eine Fähre bringt Besucher zu dem mittelalterlichen Ort.

Zwischen zwei Bergkuppen eingeklemmt drängeln sich die Giebeldächer, die Mosel nimmt elegant eine Kurve. Und als wäre das nicht schon beschaulich genug, wacht hoch über dem Dorf eine Burg. Vielmehr ihre Reste.

Da steht man nun am gegenüberliegenden Moselufer und meint, die Zeit sei stehen geblieben. Ganz Beilstein besteht aus blumengeschmückten Fachwerkhäuschen, verbunden durch Torbögen, verwinkelten Gässchen und Stiegen. Versteinert im Mittelalter. Was das winzige Dorf so besonders macht, ist dieses nahezu unversehrte, romantische Stadtbild.

Bittere Armut ließ bauliche Veränderungen in der Vergangenheit kaum zu, hinzu kam die isolierte Lage. „Lange Zeit war Beilstein weitestgehend nur über den Wasserweg zu erreichen", erklärt der Historiker Rainer Vitz. „Es gab keine Zufahrtsstraßen und auch die Wege vom Hunsrück waren allenfalls Trampelpfade." Der Beiname „Dornröschen der Mosel" kommt nicht von ungefähr.

Internationales Kopfstein-Pflaster

Von verschlafen und verwunschen kann während der Saison jedoch keine Rede mehr sein. Zwischen Mai und Oktober schieben sich täglich mitunter tausende von Touristen durch die engen Sträßchen. Sie shoppen Souvenirs, stapfen hinauf zur Karmeliterkirche oder sitzen vor den Lokalen auf dem in Fels gehauenen Marktplatz.

Die meisten steigen gegen Abend in den Bus. Andere lassen sich mit Kind und Kegel von der Drahtseil-Fähre ans gegenüberliegende Ufer nach Ellenz ziehen. Doch einige sind für immer geblieben: Da sind die beiden Irinnen, die sich in Beilsteiner Winzer verliebten, die Französin, die heute Schiffstickets verkauft. Es gibt Schweden, Engländer, Polen und den deutsch-amerikanischen Architekten mit seiner mexikanischen Frau. Auf dreizehn Nationen bringen es die etwa 120 Beilsteiner insgesamt. „Wir sind ein Schmelztiegel", sagt Rainer Vitz. „New York kann sich hinter uns verstecken".

Auch Rainer Vitz ist zugezogen. Er stammt aus Mönchengladbach, verbrachte aber schon als Kind die Ferien an der Mosel. „Wer öfter her kommt wird vom Beilstein-Virus befallen, und beschließt, im Rentenalter ein Haus zu kaufen", erzählt er. „Ich habe das eben etwas früher gemacht." Seit einigen Jahren betreibt Rainer Vitz zwei eigene Ferienhäuser: das „Altes Spukhaus" und das „Haus kein Moselblick".

Vor allem aber führt der Historiker regelmäßig Touristen durch die Mosel-Gemeinde. Ob es nun um die Verzweiflung der hungernden Beilsteiner in den vorangegangenen Jahrhunderten geht oder um eine seltsame Bauruine, die seit 30 Jahren die Gerichte beschäftigt: So unterhaltsam bekommt man nicht allertage die Historie eines Städtchens erzählt.

Jahrelange Recherchen brachten so manches skurrile Detail ans Licht: Wer käme schon auf den Gedanken, dass er gerade auf einem Friedhof speist? Doch wo heute Kellner über die Terrasse flitzen, wurden früher tatsächlich die Toten begraben. Oder dass es in Beilstein mal einen Ritterturnierplatz gab. Den Hinweis darauf bekam der Stadtführer beim Kaffeetrinken mit Beilsteiner Witwen, ein uralter Katasterplan lieferte später tatsächlich den Beweis. Von Rainer Vitz können sogar die Moselaner noch lernen.

Infos jenseits der Moselromantik

Seine sozialhistorischen Stadtführungen sind es, die einen Beilsteinbesuch zu einem kulturellen Erlebnis machen. Das hat sich herumgesprochen, deshalb werden die Touren rege gebucht: Über 200 Mal machte sich der Historiker allein im vergangenen Jahr mit interessierten Gästen auf die Socken.

Über das Kopfsteinpflaster leitet er Gruppen von der mittelalterlichen Stadtmauer zum Zehnthaus und zum Café Klapperburg. Über 500 Kaffeemühlen aus drei Jahrhunderten stehen in dem Lokal dicht an dicht! Das Haus hat aber noch eine andere Geschichte zu erzählen: In Zeiten der Lepra siechten hier die Isolierten dahin. Verließ ein Aussätziger das Haus, musste er mit einer Holzklapper seine Krankheit signalisieren.

Auch eine alte Synagoge findet sich in Beilstein, erfährt man von Rainer Vitz. Das jüdische Leben im Ort, das mit zehn Familien im Jahre 1310 begann, ist ein wichtiger Teil der Beilsteiner Geschichte. Nach langem Leerstand wurde das Gebäude vom neuen Besitzer restauriert und genutzt: Inzwischen beherbergt das Haus in der Weingasse eine Kunstgalerie.

Sehnsuchtsort für Maler und Regisseure

Die Künstler hat es schon immer nach Beilstein gezogen. Dieses Flair, die Romantik, der Charme! Anfang des 19. Jahrhunderts malte der Brite William Turner das pittoreske Städtchen in Wasserfarben. Knapp 100 Jahre danach kamen die Schauspieler und Regisseure.

Der schwarzweiße Heimatfilm „Wenn wir alle Engel wären“ wurde 1936 im sogenannten Sannsche-Haus gedreht. „Heinz Rühmann verliebte sich hier in seine Kollegin und spätere Lebensgefährtin Leni Marenbach“, weiß Rainer Vitz. Die Ruine der Burg Metternich diente Ende der 50er Jahre als Kulisse für den ‚Schinderhannes‘ mit Curd Jürgens und Maria Schell. Und das Kölner Urgestein Willi Millowitsch schritt als „Der wahre Jakob“ die 108 Stufen der Klostertreppe hinab.

Die vielen Informationen zeichnen nach und nach ein neues, tiefergehendes Bild von der gar nicht immer so idyllisch-verträumten Moselgemeinde. Rund zwei Stunden dauert die Tour („Ich überziehe immer“, garantiert Rainer Vitz) und ist keine Minute langweilig. Wer also mehr als schöne Fassaden sehen will, der sollte die sozialgeschichtliche Stadtführung nicht verpassen.

Diese Stufen hüpfte schon Heinz Rühmann hinunter. Die berühmte Klostertreppe hat Filmgeschichte geschrieben.

HISTORISCHE STADTFÜHRUNG
700 JAHRE BEILSTEIN
April bis Ende Oktober,
Beginn: 14.30 Uhr (samstags) bzw. 10.30 Uhr (sonntags), Sondertermine jederzeit vereinbar.
Treffpunkt: Marktplatz
Kosten: Erw. 5,50 €, Kinder 3 €.
Kontakt:
Rainer Vitz, Bachstrasse 50, 56814 Beilstein
Tel. 02673 / 900050, Mobil: 0172 - 6665896
www.beilstein-stadtfuehrung.de

Auf Besuch beim barocken Großbürger in Traben-Trarbach

Glanz und Gloria!

Wer die steinernen Stufen im Treppenhaus hinaufsteigt, überschreitet die Schwelle in eine vergangene Zeit. In eine Ära, zu deren Blüte Prominente wie Goethe oder der preußische König Friedrich Wilhelm IV. in diesem Hause in Traben-Trarbach logierten.

Auf einem Tisch im Goethe-Zimmer steht das kuriose Feuerzeug von Johann Wolfgang Döbereiner, im Jahr 1830 konstruiert.

unten: Der Speisesalon, geschmückt mit über eintausend Delfter Fliesen.

Es waren die wohlhabendsten Leute der Region, die damals in der stattlichen Barockvilla am Moselufer in Trarbach wohnten. Der Kaufmann Johann Adolph Böcking ließ sie im Jahr 1750 erbauen. Wenn diese Wände doch erzählen könnten! Es war die feine Gesellschaft, die damals in den gediegenen Räumen verkehrte. Zum eingeheirateten Verwandtenkreis zählte die Tuchmacherfamilie von Scheibler aus Monschau genauso wie die Industriellen-Dynastie Krupp. Die Stumms aus dem Saarland gaben dem Begründer der Volksbank, Hermann Schulze Delitzsch, die Klinke in die Hand.

Wie gerne hätte man Mäuschen gespielt als sich Goethe nach einer tollkühnen Fahrt auf der Mosel 1792 hier einquartierte. „Bald schwoll der Strom im Gegenwinde, bald wechselten abprallende Windstöße niederstürzend mit wütendem Sausen", mit solch dramatischen Worten beschrieb der Dichter seine „Sturmfahrt" Jahrzehnte später in seinen Erinnerungen.

Kunst in alten Zimmern

Es gleicht einem Wunder, dass das Patrizierhaus als eines der wenigen Gebäude Trarbachs den verheerenden Brand im Juli 1857 überhaupt überlebte. Sogar der Stuck ist bis heute erhalten. Bis 1911 wohnte noch eine Böcking-Nachfahrin im Haus, danach mieteten sich ein paar Familien ein.

Inzwischen beherbergt es das sehenswerte Mittelmosel-Museum, reich gefüllt mit erlesenen Antiquitäten und kostbaren Kunstgegenständen. Viele der Möbel sind Teil der Original-Ausstattung, anderes wurde im Laufe der Jahre hinzugekauft.

Ölgemälde mit den Häuptern der Familie schmücken die Wände, der Hausherr gerahmt in Gold. Pendeluhren schlagen die Stunde. Wundervoll, diese gemalte Leinwandtapete mit Motiven aus dem Kleist-Gedicht „Frühling"!

Im repräsentativen Salon, wo einst der deutsche Dichterfürst mit den Böckings parlierte, sitzt heute Museumsleiter Christof Krieger am Hammerflügel.

Das wertvolle Instrument von 1811 stammt von Nannette Streicher, die damals als einzige Frau unter über 100 Männern in Wien feine Klaviere baute. Ihr Kunde Beethoven ging in der Werkstatt der Handwerkerin ein und aus. Deshalb ist es höchstwahrscheinlich, dass der große Komponist auch diese Tasten bespielte.

Überall gibt es etwas zu entdecken. Im Schlafgemach mit gefülltem Wäscheschrank. Im Rokokosalon, im Herrenzimmer. Im Speisesalon, geschmückt mit über eintausend Delfter Fliesen. In gut 20 Zimmern, liebevoll ausgestattet mit vielen Details, reisen Besucher in das großbürgerliche Alltagsleben vergangener Tage.

Stumme Zeitzeugen aus 300 Jahren Leben sind in dem Museum versammelt. Da wird zum Beispiel eine Gipsbüste von Nicolas Villeroy präsentiert, dem späteren Mitbegründer der Weltfirma Villeroy & Boch. „Er hatte seine Ausbildung im Kontor der Böckings gemacht und heiratete 1786 Theresa Böcking, die Enkelin des Hauserbauers", sagt der Museumsleiter. „Die Gründung seiner Firma hat er der stattlichen Mitgift zu verdanken."

Gesammelte Schätze mit Geschichte

Ein besonderer Schatz ist die imposante Vase von 1837, die der spätere preußische König den Böckings bei einem Besuch schenkte. Oder die edle Hochzeitsrobe von 1883, ein Prunkstück aus Taft. Dann ist da noch das Feuerzeug von Johann Wolfgang Döbereiner, im Jahr 1830 konstruiert. Er war von Goethe als einer der ersten Hochschullehrer für Chemie und Pharmazie an die Uni Jena berufen worden.

Jedes der vielen Exponate hat eine Geschichte – und Christof Krieger kann sie alle erzählen. Mit Leidenschaft und Sachkenntnis führt der Historiker durch die Beletage bis hoch unters Dach, wo die Sammlung zur Stadtgeschichte mit einem Modell der vollständigen Grevenburg punktet.

Und jedes Jahr im September erweckt der Museumsleiter die Villa Böcking zum Leben. Dann nehmen rund 80 kostümierte Akteure die Besucher mit auf eine unterhaltsame Reise in die glanzvollen Tage des Hauses: In der langen Museumsnacht feiert im Salon eine Hochzeitsgesellschaft zu Grammophonklängen, Rokokodamen plaudern beim Tee, sogar Herr Goethe gibt sich die Ehre!

Nur selten kann man die Wohn- und Lebenswelt einer großbürgerlichen Familie im 18. und 19. Jahrhundert so detailgetreu wie in der Villa Böcking erleben. Historisch hochinteressant, wird das Museum dennoch als Geheimtipp gehandelt.

Mittelmosel-Museum
Casinostr. 2, 56841 Traben-Trarbach,
geöffnet von Ostern bis Oktober täglich
außer montags von 10 bis 17 Uhr.
Weitere Infos: Tel. 06541 / 9480,
www.mittelmosel-museum.de

Hier bunkerten Banker 15 Milliarden

Zwei Tarnhäuser. Ein unterirdischer Geldspeicher. Eine Währung, die niemand kennt. Klingt nach einem Agenten-Thriller? Von wegen. Geheime Machenschaften waren in Cochem Realität. Im Bunker der Bundesbank erfahren Besucher jetzt die ganze Geschichte.

Ausgang

Hinter einer Panzertür eröffnet sich ein gut 100 Meter langer Gang. Dicke Rohrleitungen verlaufen unter der Decke entlang. Kein Fenster, eiskaltes Neonlicht. Der Schacht führt immer tiefer in den Berg hinein zu einem der geheimsten Orte der noch jungen Republik: Hier lagerte eine Notstandswährung, sicher versteckt für den Tag X. 30 Meter tief unter der Erde.

Wir befinden uns im ehemaligen Bunker der Deutschen Bundesbank, mitten in einem Wohngebiet in Cochem-Cond. In einem geheimen Atomschutzbunker, der zugleich der Tresor für immerhin 15 Milliarden D-Mark war! Jahrzehntelang ahnten die Cochemer nichts von dem Staatsgeheimnis unter ihrer Stadt. Zwar ist das Geld inzwischen weg – doch jetzt steigen Besucher in den Bundesbankbunker.

Denn das Busunternehmer-Paar Manfred und Petra Reuter aus Treis-Karden hat das Anwesen in der Brauselaystraße gekauft und für die Öffentlichkeit zugänglich gemacht. Nun führen Guides Interessierte durch den historischen Untergrund und lüften den Schleier um die Geheimnisse des Bunkers. Eine schaurig-spannende Zeitreise durch die deutsche Nachkriegsgeschichte.

Ein Geldspeicher für alle Fälle

Erbaut wurde die unterirdische Festung in den frühen 1960er Jahren, während der heißen Tage des Kalten Krieges. Die Angst vor der endgültigen Eskalation zwischen Ost und West war derzeit so groß, dass man in ein kostspieliges Bunkerprogramm investierte. Nicht nur die Bundes- und Landesregierungen schufen sich für den Ernstfall eine Notunterkunft. Auch die Bundesbank suchte damals einen Ort für einen Schutzbau. Allerdings weniger für ihr Personal, sondern als Geldspeicher für alle Fälle.

Hoch über der Mosel fand man den geeigneten Ort für ein bombensicheres, streng geheimes Versteck. Die Druckwelle einer Atombombenexplosion würde über das Tal nahezu hinwegfegen, so jedenfalls die Theorie.

In einer ehemaligen Arztpraxis wurde ein Schulungs- und Erholungsheim für die Bundesbanker eingerichtet. Ein luxuriöses

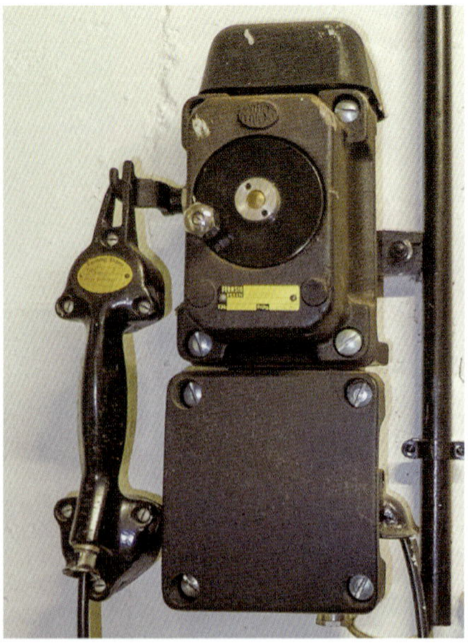

Doppel-Wohnhaus mit Swimmingpool und Garten. Schon damals stand Cochem hoch im Kurs bei Touristen, so war die Tarnung perfekt.

Man kaufte noch Grundstücke hinter den Häusern hinzu und begann mit dem Bau. Allerdings trieb der Lärm genervte Anwohner bald auf die Barrikaden. Denn wie gräbt man unauffällig 300 Meter Gänge in einen Hang? Zwei Jahre lang polterten die Bagger, Lastwagen und Betonmischer fuhren in den Garten. Bauarbeiter sprengten und betonierten, von morgens 6 bis 22 Uhr. Man baue einen Zivilschutz-Bunker für die Teilnehmer der Schulungen, hieß es schließlich. Das war nicht ungewöhnlich, sie entstanden damals vielerorts in der noch jungen Republik. „Den Anwohnern wurde versprochen, dass 100 von ihnen im Notfall unterkommen könnten", erklärt der Guide. „Damit stellte man sie ruhig."

Panische Angst vor der Hyperinflation

Doch was der Essener Konzern Hochtief da in der Nachbarschaft baute, war auch damals überhaupt nicht normal. Hier entstand klammheimlich ein Versteck für Milliarden. Denn nicht nur die Angst vor einem Atomschlag war während des Kalten Krieges allgegenwärtig, jede Partei hatte ihre eigenen Schreckensvisionen. Die Befürchtung, dass Unmengen an eingeschmuggeltem Falschgeld die deutsche Währung entwerten könnten, trieb die Frankfurter Banker um. Der Plan: Im Falle einer drohenden Hyperinflation oder Zerstörung des Geldes sollte eine geheim gehaltene Notstandswährung die D-Mark ganz schnell ersetzen. Und so bunkerten die Banker in Cochem Scheine, die keiner kannte und deshalb auch nicht fälschen konnte.

Bis unter die Decke stapelte sich das Geld! Lauter Kartons und Geldsäcke voller Scheine. Zehner, Zwanziger, Fünfziger und Hunderter der sogenannten Ersatz-Serie „BBk II". Hinter einer tonnenschweren Stahltür verbargen sich prallgefüllten Gitterboxen. Nur wenige Menschen bekamen sie zu Gesicht und wussten, was der wirkliche Zweck der Anlage war.

Einer der geheimen Zugänge zum Bunker lag zwar im Keller des getarnten Schulungsheims. Doch selbst für den Leiter der Einrichtung, der täglich durch die einsamen Gänge patrouillierte, war der Tresorraum tabu. Ob er wohl wusste, was sich hinter den Türen verbarg? Zutritt hatten jedenfalls nur die Mitarbeiter der Frankfurter Zentrale, von denen jeweils drei in unregelmäßigen Abständen zur Kontrolle kamen. Nur sie hatten die Schlüssel für die drei Schösser und die Zahlenschloss-Kombination.

Es wird gedauert haben bis sie wieder Tageslicht sahen. Denn jeder der Männer prüfte den Bestand auf Vollständigkeit und notierte das Ergebnis.

Doch im Bunker war nicht nur Platz für Geld. Wäre es zu einer verheerenden Naturkatastrophe, einem Krieg oder nuklearen Showdown gekommen, hätten im Bunker bis zu 175 Menschen überleben können. Jedenfalls für 14 Tage – ohne in Kontakt zur Außenwelt treten zu müssen. Für alles war gesorgt: Ein Wassertank mit 40.000 Litern Wasser hätte den Schutzsuchenden zur Verfügung gestanden, Strom erzeugten eigene Dieselmotoren. Im schlimmsten aller Fälle sollten Dekontaminationszellen in der Eingangsschleuse und Belüftungsanlagen mit Sandfilter vor radioaktivem Fallout schützen.

Eine Treppe führt ins Obergeschoss des Bunkers. Hier lagen die Büros und Unterkunftsräume für das Frankfurter Personal. Noch heute ist die Küche voll ausgestattet. Davor ein karger Speisesaal. Vom Gang zweigen enge Schlafkabinen ab. Je vier Kollegen hätten im Katastrophenfall in den Etagenbetten Platz gefunden.

Geldscheine der sogenannten Ersatz-Serie „BBk II".
rechts: Ausschnitt einer Tresorbestandskarte aus den 1960er-Jahren

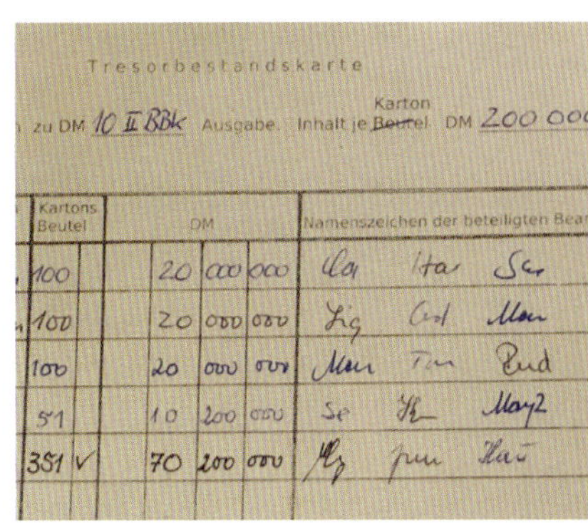

Arbeiten während die Welt brennt

In einem kargen Raum stehen Tische, Büroschränke und Akten. Hier hätten die Banker im worst case gesessen. Die Männer und Frauen hätten auch dann weiterarbeiten können während die Welt draußen brannte. Von hier aus wären Millionen von D-Mark kreuz und quer durch Deutschland versendet worden. Telefon-Anlagen und Fernschreiber verbanden das unterirdische Versteck mit der Außenwelt.

Doch keines der ausgemalten Szenarien erschütterte die Republik. Zum Glück. Die Ersatz-Währung verstaubte. 1988 rückten die Bundesbanker an, jagten die BBk II-Serie durch den Schredder und gaben den Bunker endgültig auf. Warum bereits vor dem Ende des Kalten Krieges? Auch darüber wird bis heute noch spekuliert, denn die Bundesbank schweigt. Und die Geheimakten dürfen erst nach 30 Jahren eingesehen werden.

Einige Jahre lang nutzte die Cochemer Volksbank noch einen Teil der Räume für Kundenschließfächer. Dann standen Bunker und Häuser lange Zeit leer.

Bis 2014 Petra und Manfred Reuter kamen. Ein ganzes Jahr lang ackerten die Reuters und ihr Team unter Tage, denn Feuchtigkeit hatte der riesigen Anlage über die Jahre zugesetzt. Der Bunker wurde trockengelegt, gestrichen und restauriert. Dabei herausgekommen ist ein Museum der ganz besonderen Art: Eine Stätte der bundesdeutschen Geschichte zu Zeiten des Kalten Krieges, ein öffentlicher Erinnerungsort und gleichzeitig Mahnmal für den Frieden.

Bundesbank Bunker Cochem,
Am Wald 35, 56812 Cochem-Cond.
www.bundesbank-bunker.de.

Besichtigung nur mit Führung, Dauer etwa 60 Minuten. In unmittelbarer Umgebung gibt es keine Parkplätze. Der Bunker liegt ca. 15 Minuten Fußweg vom Endertplatz oder vom Bahnhof entfernt. Ab Cochem Endertplatz verkehrt ein kostenpflichtiger Bus-Shuttle.

Die glorreichen

Wer mit offenen Augen durch die Jahrtausende alte Kulturlandschaft geht, wird auf sie stoßen: Märchenhafte Burgen und Klöster mit bewegter Vergangenheit. Versteckte große und kleine Naturspektakel. Kapellen, die eine Geschichte erzählen. An der Mosel gibt es Plätze, denen ein Zauber innewohnt. Diese sieben Orte sollten Sie sich nicht entgehen lassen.

Blick auf Burg Thurant

7

1 Rätselhaftes Gotteshaus aus Meisterhand

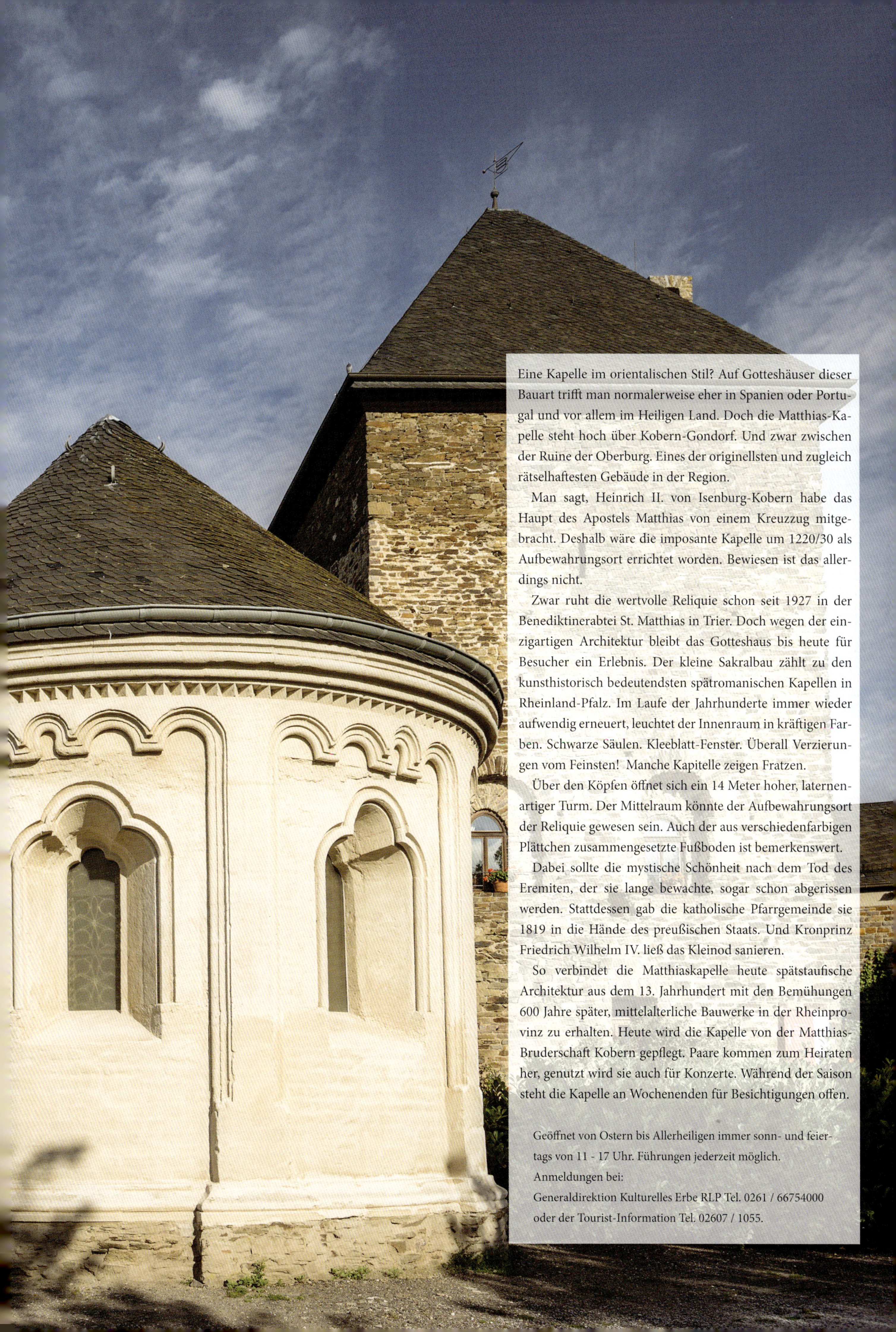

Eine Kapelle im orientalischen Stil? Auf Gotteshäuser dieser Bauart trifft man normalerweise eher in Spanien oder Portugal und vor allem im Heiligen Land. Doch die Matthias-Kapelle steht hoch über Kobern-Gondorf. Und zwar zwischen der Ruine der Oberburg. Eines der originellsten und zugleich rätselhaftesten Gebäude in der Region.

Man sagt, Heinrich II. von Isenburg-Kobern habe das Haupt des Apostels Matthias von einem Kreuzzug mitgebracht. Deshalb wäre die imposante Kapelle um 1220/30 als Aufbewahrungsort errichtet worden. Bewiesen ist das allerdings nicht.

Zwar ruht die wertvolle Reliquie schon seit 1927 in der Benediktinerabtei St. Matthias in Trier. Doch wegen der einzigartigen Architektur bleibt das Gotteshaus bis heute für Besucher ein Erlebnis. Der kleine Sakralbau zählt zu den kunsthistorisch bedeutendsten spätromanischen Kapellen in Rheinland-Pfalz. Im Laufe der Jahrhunderte immer wieder aufwendig erneuert, leuchtet der Innenraum in kräftigen Farben. Schwarze Säulen. Kleeblatt-Fenster. Überall Verzierungen vom Feinsten! Manche Kapitelle zeigen Fratzen.

Über den Köpfen öffnet sich ein 14 Meter hoher, laternenartiger Turm. Der Mittelraum könnte der Aufbewahrungsort der Reliquie gewesen sein. Auch der aus verschiedenfarbigen Plättchen zusammengesetzte Fußboden ist bemerkenswert.

Dabei sollte die mystische Schönheit nach dem Tod des Eremiten, der sie lange bewachte, sogar schon abgerissen werden. Stattdessen gab die katholische Pfarrgemeinde sie 1819 in die Hände des preußischen Staats. Und Kronprinz Friedrich Wilhelm IV. ließ das Kleinod sanieren.

So verbindet die Matthiaskapelle heute spätstaufische Architektur aus dem 13. Jahrhundert mit den Bemühungen 600 Jahre später, mittelalterliche Bauwerke in der Rheinprovinz zu erhalten. Heute wird die Kapelle von der Matthias-Bruderschaft Kobern gepflegt. Paare kommen zum Heiraten her, genutzt wird sie auch für Konzerte. Während der Saison steht die Kapelle an Wochenenden für Besichtigungen offen.

Geöffnet von Ostern bis Allerheiligen immer sonn- und feiertags von 11 - 17 Uhr. Führungen jederzeit möglich.
Anmeldungen bei:
Generaldirektion Kulturelles Erbe RLP Tel. 0261 / 66754000
oder der Tourist-Information Tel. 02607 / 1055.

2 Verwunschene Burg über Alken

Zwei Löwen flankieren den Weg über die Brücke, unter einem Fallgitter hindurch geht's hinein in den verwunschenen Hof. Wer die Burg Thurant betritt, verlässt die wirkliche Welt. Es gibt zwei runde Türme, Rüstungen und eine Kapelle mit barockem Altar. Holzstiegen, Fachwerk, Giebel und Erker. Ein Weinkeller. Ein Jagdhaus. Alles da!

An solchen Orten wachsen Dornenhecken 100 Jahre lang bis hoch übers Dach hinaus. Frösche verwandeln sich in stattliche Prinzen. Bettler werden mit Hilfe von Feen steinreich. Die zauberhafte Burg Thurant sieht aus als hätten die Gebrüder Grimm sie extra für ihre Märchen erfunden.

Dabei ist es ihr in der Vergangenheit oft schlecht ergangen. Denn um 1200 von Welfen-Pfalzgraf Heinrich nach seiner Rückkehr vom Kreuzzug erbaut, war das Schiefergemäuer über die Jahrhunderte immer wieder in Konflikte verwickelt.

Nach der Eroberung durch die Erzbischöfe von Trier und Köln wurde die Anlage sogar mit einer dicken Mauer in zwei Teile geteilt. Von nun an wurde alles doppelt gebaut: Zwei Bergfriede, getrennte Wohnräume, je eigene Zugänge zum Kölner und Trierer Teil. Natürlich gab es von nun auch zwei Burggrafen.

Seitdem wacht die Thurant als Doppelburg auf einem Felsgrat über Alken. Eine weitere Besonderheit sind die Weingärten am steilen Hang.

Im Laufe der Zeit wechselte die Burg mehrfach den Besitzer. Sie verlor an Bedeutung, zerfiel allmählich und wurde während der Kriege im 17.Jahrhundert zerstört. Nachdem sich sämtliche einfallende Truppen ausgetobt hatten, blieben nur noch die beiden Bergfriede weitgehend unversehrt. Erst 200 Jahre später kam die Rettung: 1911 kaufte der Industrielle Robert Allerms die Ruine und lies sie teilweise wieder errichten.

Im Laufe der Jahrzehnte wurde das Herrenhaus auf alten Fundamenten wieder aufgebaut, ein Steingarten angelegt und das Torhaus stilecht mit Gusserker und Löchern für die Zugbrückenketten versehen. Bis heute wird das Gemäuer aufwendig gepflegt. An jeder Ecke gibt es Verzierungen, bunte Beete oder Statuen zu entdecken. Noch immer ist sie im Privatbesitz, kann aber von März bis Mitte November besichtigt werden. Die Aussicht vom Kölner Turm über das Moseltal und die Eifel ist grandios.

Geöffnet: 1. März bis 15. November. Innerhalb der Burganlage bietet das Ferienhaus „Sporkhorst" nebst Garten Platz für sechs Personen. Mehr Infos: www.thurant.de

3

Im Burggarten sitzt es sich besonders schön

Vor fast 300 Jahren sprengten die Franzosen die Grevenburg in die Luft. Doch die Fassade des Kommandantenhauses ließen sie netterweise stehen. Die Ruine ist heute ein beliebtes Ausflugsziel. Manche sagen, der Burggarten sei an Idylle kaum zu überbieten.

Kinder klettern über Felsen, Kellnerinnen balancieren eilig volle Tabletts aus der Schänke. Sämtliche Plätze sind bei schönem Wetter besetzt. Wo werden schon Kaffee und Kuchen, Wein und Moselgerichte vor so einem Panorama serviert? Von hier aus kann man inmitten historischer Mauern das ganze Tal überblicken.

Pilger und Wanderer auf dem Moselsteig nutzen den lauschigen Platz für eine Rast. Motorradfahrer flitzen über Serpentinen hierher. Vom Parkplatz aus sind es nur ein paar Schritte bis zur Schänke, die zwar danach aussieht, aber früher nicht so hier stand. Im hübschen Gastraum zeigt ein Bild die Grevenburg wie sie im vollständigen Zustand über Traben-Trarbach wachte. Über 660 Jahre haben die Steine schon auf dem Buckel.

Früher hat hier noch ein Herrenhaus mit vier Türmen gestanden, daneben ein Zeughaus und ein 35 m hoher Bergfried. Damals flankierten zwei Pulvertürme das Durchfahrtstor.

Erbaut wurde die Grevenburg um 1350 von Graf Johann III. von Sponheim, einem Sohn der mutigen Gräfin Loretta, geborene von Salm. Lange Zeit lebte die Familie hier gut geschützt vor sich hin. Doch schon im 17. und 18. Jahrhundert lockte die prächtige Grevenburg Menschen aus halb Europa an die Mosel. Allerdings kamen sie nicht in friedlicher Absicht zu Besuch. Immer wieder wurde sie bombardiert, erobert und neu befestigt: Spanische Truppen besetzten die Burg. Danach die Schweden. Ludwig XIV. baute die Begehrlichkeit 1680 als Vormachtstellung aus. Sie sah hessische, preußische, sächsische und holländische Besatzer. Dreizehnmal wechselte die Burg in ihrer leidvollen Zeit den Besitzer. 1734 Jahre standen die Franzosen wieder mit Kanonen auf der Matte. Seitdem ist die Grevenburg eine Ruine.

Das Angebot, das zerstörte Gemäuer gegen Ende des 19. Jahrhunderts an den Kaufmann Louis Jacques Ravené zu verkaufen, wurde abgelehnt. Stattdessen erwarb der reiche Berliner die Cochemer Reichsburg und baute sie wieder auf.

Doch wer weiß: Vielleicht wäre die rekonstruierte Grevenburg auch längst nicht so lauschig gewesen wie diese echte Ruine.

Von der Trarbacher Brückenstraße führt ein steiler Fußweg hinauf zur Ruine. Anfahrt mit dem Auto ab Trarbach über die Schottstraße. Der Beschilderung folgen.

4

Die Farm der seltenen Tiere

Da, wo die Mosellandschaft am allergrünsten ist, liegt ein tierisches Paradies. Zufällig verirrt sich eher selten jemand in die Gegend, denn die Straße zum Hof führt scheinbar ins Niemandsland. An Veldenz vorbei schlängelt sie sich durch Wälder hoch auf den einsamen Berg. Wer zum ersten Mal herkommt, wundert sich über die Herde Rinder mit den imposanten Hörnern. Die weißen Bullen gehören zur seltenen Rasse der ungarischen Steppenrinder, die heutzutage überwiegend Kutschen durch die Puszta ziehen.

Auf dem Veldenzer Bergfrieden leben viele Vierbeiner, die man hierzulande nur selten zu sehen bekommt. Etwa der weiße Esel Luna. Dann sind da noch die pechschwarzen Schweine aus den französischen Pyrenäen, die grunzend über die Wiese galoppieren. Oder die scheuen Zackelschafe mit den seltsamen Korkenzieher-Hörnern. In ihrer Heimat Ungarn sind sie so etwas wie eine touristische Attraktion. Seit über 15 Jahren bewirtschaften Michaela und Theo Scholl diesen unkonventionellen Hof. Hier gibt es nichts, was es nicht gibt. Hier leben Kaninchen, Enten und Gänse. Die Katzen fressen noch Mäuse wie sich das gehört, im Bienenstock wird unter der Aufsicht von Theo Honig gemacht. Eine Herde Esel läuft neugierig auf Besucher zu, das Fohlen Mattes lässt sich geduldig drücken. Und über allen wacht eine Familie Altdeutscher Hütehunde, der man die nahe Verwandtschaft zum Wolf noch ansieht.

Seit einigen Jahren züchtet Michaela Merenspferde, eine der ältesten Pferderassen der Welt. Die robusten Gebirgspferde aus Frankreich trotzten Kälte und Schnee, die Hengste sind bekannt für ihre Ruhe und Sanftheit. Die Herde wächst und wächst.

Doch nicht nur potentielle Käufer kommen zu Besuch. Erlebnispädagogin Michaela richtet liebevoll Kindergeburtstage aus; sie erzählt von Kräutern, legt Spuren für Schnitzeljagten. Gästen geht bei einer Tour über das Gelände das Herz auf. Wanderungen mit Eseln und Pferden? Kochen am offenen Feuer? Eine Führung über den Hof? Michaela hat Angebote für gestresste Großstädter, Tierliebhaber und Naturfreaks im Programm. Hier kommt jeder runter. Erholung pur. Auf dem zauberhaften Veldenzer Bergfrieden vergisst man die Zeit.

Eselwanderungen und Führungen nur nach Terminabsprache unter 0176 - 64 13 84 66.

5 Spuky! Die einsame Ruine der Winneburg

Sie gehört zu jenen Moselburgen, in denen es angeblich spukt. Denn einer schaurigen Sage nach hatte der Teufel beim Bau die Hände im Spiel. Für die Unterstützung hatte ihm der einheimische Baumeister zuvor die Seele seiner Tochter versprechen müssen. Der Leibhaftige hielt die Abmachung natürlich ein. Also brachte der Mann das arme Mädchen zum Felssporn hinauf, um es bei lebendigem Leib in die Wand eines Turmes einzumauern.

In Wahrheit ist der Bauherr des Gemäuers nicht bekannt. Jedoch konnten Historiker einen gewissen Cuno, Herr von Wunnenberg, als mutmaßlichen Gründer der Burg um 1300 ermitteln. Später ging die Winneburg über in die Hände der Familie Metternich. Doch im Mai 1689 erging es ihr wie den meisten Mosel-Burgen: Französische Truppen rissen sie mit Sprengstoff in Stücke.

Was von ihr übrig blieb, gehört heute der Stadt Cochem, die das Gemäuer vor weiterem Verfall erfolgreich bewahrt. Zu sehen gibt es immer noch eine Menge: Bis heute sind noch der 22 Meter hohe Bergfried und die aufragenden Reste des Palas zu erkennen. Auch zahlreiche Mauern der Wohn- und Wirtschaftsgebäude blieben erhalten.

Betreten wird die Burganlage über eine Brücke – was allerdings nicht allzu oft geschieht. Zwar kann man den Bergfried vom Tal aus gut sehen. Doch wagen Touristen nicht so häufig den steilen, mitunter recht beschwerlichen Aufstieg. So können sportliche Fußgänger meist alleine das weitläufige Gelände der Ruine erkunden.

Keine Busse, keine Gastronomie, kein Klo. Abseits der Touristenpfade thront die Winneburg in himmlischer Ruhe etwa 300 Metern Höhe über dem Endertbachtal. Vom Burghof eröffnet sich ein Panorama über riesige Waldgebiete und Cochem bis in die Hunsrückhöhen.

Nur im Sommer unterbrechen mittelalterliche Gelage die Stille. Bei gutem Wetter stapfen Einheimische und Gäste mehrmals während der Saison zu „Ritterrunden" gemeinsam den Berg hinauf. Dann wird am Lagerfeuer deutsches Liedgut geschmettert, Moselwein gereicht und sogar mit Schwertern um die Wette gekämpft.

Auch dafür lohnt sich der anstrengende Weg zur Ruine.

Vom Cochemer Waldhotel „Winneburg" im Tal führt ein 1,5 km langer Waldweg zur Ruine. Das Gelände ist jederzeit frei begehbar.

Infos zur Ritterrunde bei der
Tourist-Information Ferienland Cochem,
Tel. 02671 / 60040
www.ferienland-cochem.de

6

Filmreife Klosterruine über Wolf

Der felsige Weg, die knorrigen Bäume. Aus fast 800 Jahren Vergangenheit ragt die Ruine in unsere Zeit. Die geheimnisvolle Szenerie hoch über der Moselschleife bei Wolf bringt das Kopfkino zum Klingen. Denn hier sieht's aus wie bei Harry Potter.

Von Kröv aus kann man sie bestens sehen. Aus der Ferne wird die Ruine von Touristen immer mal wieder für die Trarbacher Grevenburg gehalten. Dabei war das Gemäuer auf dem Göckelsberg überhaupt keine Burg, sondern eine der ältesten Pfarrkirchen im Tal. Sie war der Gottesmutter Maria „Unserer lieben Frauen" geweiht und wurde ursprünglich vom gleichnamigen Orden geführt. Im Jahr 1255 fand die Wallfahrtskirche urkundlich ihre erste Erwähnung.

Berühmt wurde sie aber wegen der nachfolgenden Bewohner. Gut achtzig Jahre lang – von 1478 bis 1560 – lebten hier die „Brüder vom gemeinsamen Leben", einer vorreformatorischen Erneuerungsbewegung, wegen ihrer kugelförmigen Kopfbedeckung auch Kogelherren genannt. In deren Zeit wurde die Anlage um weitere Gebäude und eine Kapelle erweitert. Seitdem wird das Bauwerk Wolfer Kloster genannt. Bis heute spricht kaum noch jemand von der Liebfrauenkirche.

Doch mit dem Bekenntnis der Sponheimer Grafen zur Reformation war's mit dem schönen Kloster vorbei. Die Brüder mussten das Anwesen verlassen. Zwar wurden in der Kirche in den folgenden Jahrzehnten noch Gottesdienste abgehalten. Doch mit dem Bau einer neuen evangelischen Kirche in Wolf verfielen die verlassenen Klostergebäude ab 1685 immer mehr zur Ruine – an der sich Dorfbevölkerung fleißig bediente und ausgiebig als Steinbruch nutzte. Wer genau hinguckt, kann noch heute in vielen alten Häusern in Wolf die verbauten Schiefersteine erkennen.

Der von den Brüdern geführte Weinkeller im Ort hingegen überdauerte die Zeit. Er liegt noch heute direkt unter der Wolfer Kirche. Der letzte Kogelherr war übrigens der erste evangelische Pfarrer im Ort.

Vom ehemaligen Kloster blieben nur wenige Mauern erhalten. Es ist auch verboten, die Ruine zu betreten. Dennoch strahlt der Platz über dem Weinberg eine besondere Atmosphäre aus. Vom Göckelsberg hat man außerdem eine herrliche Aussicht über die Mosel und Kröv.

Der rund 15 Kilometer lange Rundweg „Kogelherrenweg" (Startpunkt Tourist-Information Wolf) erzählt auf Tafeln die Geschichte der Brüder, die hier einst lebten und wirkten.

7

Der wilde Canyon des Hunsrück

Ruhe. Endlich Ruhe! Keine Menschenseele weit und breit. Nur eine einzige Straße führt durch den Wald zu dem urigen Ort und endet auch dort. Seit 1830 existiert die kleine Siedlung Steffenshof. Knapp 20 Menschen leben in den sorgsam restaurierten Fachwerkhäusern, abgeschieden vom Lärm der Welt. Viele Besucher von außerhalb kommen zu Fuß. Meistens zur Rast in der legendären „Theas Kneipe". Denn direkt am Steffenshof vorbei führt ein wundervoller Wanderweg, der zu recht den Namen Traumschleife trägt. Mit satten 93 von 100 möglichen Erlebnispunkten wurde der Rundweg „Baybachklamm" vom deutschen Wanderinstitut bewertet.

Dieser Weg führt durch einen einzigartigen Schatz der Natur: Das urwüchsige Baybachtal mit seinen moosbewachsenen Hängen, spektakulären Aussichtspunkten und Klüften. Brückchen, kleine Wasserfälle, die über Felsen nach unten stürzen… Alles ist grün und glitzert. Im „Canyon des Hunsrück" zieht die Natur alle Register.

Klamm ist zwar eine österreichische und bairische Bezeichnung für eine besonders enge Schlucht im Gebirge. Doch dieses landschaftliche Glanzlicht ist zwischen Gondershausen und Emmelshausen gelegen und für viele bislang immer noch ein Geheimtipp. So wird die Ruhe beim Laufen nur vom Zwitschern der Vögel übertönt, das Rauschen des Baybachs ist ständiger Begleiter. Bis er sich bei Burgen mit der Mosel vereint, zeigt er sich mal von seiner wilden, mal von seiner lieblichen Seite. Tief hat sich der Baybach in den Hunsrückschiefer gegraben, rechts und links wachsen turmhoch die Felsen aus seinem Bett.

Sein Wasser hat mal über 30 Mühlen angetrieben. Einige davon sind noch erhalten, andere säumen als Ruinen den Weg. 413 Höhenmetern müssen überwunden werden. Vorbei an Felsnasen und vergitterten Höhlen. Relikte aus der Zeit, als im Hunsrück noch der Schiefer abgebaut wurde. Steile Aufstiege wechseln sich ab mit seilgesicherten Kletterpartien und sanften Passagen. Dann verlässt der Weg die Schlucht und führt bergan zu mehreren Aussichtspunkten. Ab Heyweiler laufen Wanderer gut 10 Kilometer durch das Tal ohne dabei einen Meter Asphalt zu berühren – sieht man einmal ab von der Überquerung der Straße zu Theas Kneipe.

Einstieg zur Traumschleife Baybachklamm: Hauptstraße oder Dorfstraße in 56290 Heyweiler, danach den Wegweisern zum Wanderparkplatz folgen. Die Klamm ist bei Eis und Schnee nicht begehbar.

Nun lasst mal die Kirche im Felsen!

Die Felsenkirche ist das Wahrzeichen von Ida-Oberstein

Kragen zugeknöpft – jetzt wird es heilig. Es geht in bemerkenswerte Kirchen, die sich immer für einen Ausflug lohnen. Für Gläubige und Ruhesuchende genauso wie für Architekturfans oder Kunstliebhaber. Diese Gotteshäuser sind Unikate.

Wer die Stichworte „Mosel + Kirche" in die Suchmaschine eingibt, der wird reich belohnt. Ungefähr 9.530.000 Ergebnisse überschwemmen den Bildschirm. Sakralbauten gehören zu meistbesuchten Sehenswürdigkeiten. Zum einen ist es wohl die Ehrfurcht vor dem Alter, zum anderen die oft meisterliche Architektur. So wie die Romantiker des 19. Jahrhunderts vor den Burgruinen erschauerten, sind viele Reisende heute von den Gotteshäusern fasziniert. Flussauf, flussab erzählen sie von der Geschichte des christlichen Glaubens.

Allen voran die Hohe Domkirche St. Peter zu Trier. Die älteste Bischofskirche im Land und UNESCO-Welterbestätte gilt als bedeutendes Zeugnis abendländischer sakraler Baukunst. Denn seit der Grundsteinlegung haben Baumeister und Künstler aller Epochen der Kathedrale ihren Stempel aufgedrückt. Deshalb kann man auf kleinstem Raum 1.700 Jahre Architekturgeschichte betrachten. Was längst nicht jeder weiß: In der Schwalbennestorgel versteckt sich ein Pan. Oder ist es gar der Teufel? Der kleine Geselle mit Hörnchen auf dem Kopf sitzt in einer Luke, die nur der Organist mit Hilfe eines Hebels beim Spiel öffnen kann. Dabei erfüllen die 5.602 Pfeifen des Instruments das größte Kirchengebäude der Stadt mit ihrem Klang.

Dabei ist schon die erste protestantische Kirche in Trier ist so groß, dass die Porta Nigra hineinpassen würde. Errichtet wurde das Gebäude als Teil einer riesigen Anlage, in dem der Kaiser seine Besucher empfing. Mit der Palast-Aula wollte der Römer seine Macht demonstrieren, was eindrucksvoll gelang. Erst seit Mitte des 19. Jahrhunderts wird die Konstantin-Basilika als evangelische Kirche genutzt.

In Brauneberg beten Protestanten und Katholiken unter einem Dach – allerdings nicht miteinander. Wie das geht? Die Pfarrkirche St. Remigus wurde durch eine Mauer in zwei Räume geteilt. Tatsächlich ist sie eine von nur insgesamt 64 Simultankirchen im ganzen Land. Einzigartig in der Region ist zudem ihr schiefer Zwiebelturm.

Kirchen prägen die Gesichter vieler Moselorte. Etwa die weiße, mit mächtigen Türmen

St. Matthias in Trier

Die Klause in Kastel-Staadt

Der Dom in Trier

ausgestattete Pfarrkirche St. Castor in Treis-Karden. Der sogenannte Moseldom gilt als der bedeutendste Sakralbau zwischen Koblenz und Trier. Die reiche Innenausstattung kann sprachlos machen.

Wegen des nahe gelegenen Heiligtum auf dem Martberg war Karden schon im römischen Reich ein geschätzter Wallfahrtsort. Heute zieht es Pilger in Scharen zur Benediktinerabtei St. Matthias in Trier. Immerhin beherbergt das Gotteshaus mit der markanten Fassade das einzige Apostelgrab auf deutschem Boden.

Kirchen gehören zu den beständigsten Gebäuden. In Alken verströmt die fast 1.000 Jahre alte St. Michaelskirche einen Hauch von Ewigkeit. Steht man im Chorraum vor den Freskengemälden, kommt eine Ahnung auf, wie es im Mittelalter ausgesehen haben mag. Vom Ort führt der „Sieben-Fußfälle-Weg" hinauf auf den Bleidenberg zur Dreifaltigkeitskirche. Im Inneren überrascht die aus dem 10. oder 11. Jahrhundert stammenden Wallfahrtskirche mit urtümlicher Architektur.

Hoch über der Saar glänzt ein Juwel der Romantik, das man eher in Italien vermuten würde: Die Klause in Kastel-Staadt. Bauherr war der preußische Kronprinz Friedrich Wilhelm IV, der eine Ruine zum Meisterwerk umbauen ließ. Aus der Feder des Architekten Karl Friedrich Schinkel entstand eine Grabkapelle für Johann den Blinden mit Arkadenfenstern und Glockengiebel. Allein schon die verwunschene Natur ist die Anreise wert.

Etwa 45 Autominuten von Bernkastel entfernt, trumpft das Hunsrück-Städtchen Idar-Oberstein mit einer Einzigartigkeit auf. Denn im 15. Jahrhundert wurde eine Felsenkirche in eine 70 Meter hohe Steilwand gebaut. Ein Kleinod, zu dem man nur durch einen in den Felsen geschlagen Tunnel gelangt. Eine solche Kirche gibt es hierzulande kein zweites Mal.

Das Abenteuer Calmont beginnt an der Schutzhütte Galgenlay. Hier liegt der Einstieg in den Klettersteig. Mit Hilfe eines Stahlseils und Trittstiften kraxelt einer nach dem anderen ein paar Meter abwärts in den Weinberg hinein.

Todesangst über Bremm

Der Calmont ruft, und immer mehr Leute kommen. Panorama-Süchtige. Weinliebhaber. Naturfreaks, die das wilde Gelände anzieht. Schwitzend kraxeln Großstädter durch den steilsten Weinberg Europas.

Und plötzlich steht sie da, diese gigantische, schon fast bedrohlich wirkende Wand. Zwischen den Orten Bremm und Ediger-Eller erhebt sich der Calmont über die Mosel. Unglaublich, dass in solchen Lagen überhaupt Trauben geerntet werden, die Hänge schießen nahezu senkrecht nach oben. Wie Schwalbennester kleben die Parzellen am Fels. Man muss sicher nicht betrunken sein, um in diesen Weinbergen Drehschwindel zu bekommen. Für Hasenfüße ist der Arbeitsplatz der Winzerinnen und Winzer nichts.

Etwa 290 Meter misst dieses Felsungetüm an seiner höchsten Stelle. Und im oberen Drittel führt ein besonderer Pfad durch die uralten Weinberg-Terrassen: Der Calmont Klettersteig. Wohl einer der schönsten Wanderwege im ganzen Tal, den immer mehr begeisterte Leute beschreiten.

Ein Berg wird zur Touristen-Attraktion

Die Calmont-Region liegt an der Terrassenmosel, knapp 20 Kilometer von Cochem entfernt. Gleich hinter der Eisenbahnbrücke in Eller schlängelt sich ein schmaler Serpentinen-Pfad hinauf bis zur Schutzhütte Galgenlay. Früher, so erzählt man, soll an dieser Stelle tatsächlich ein Galgen gestanden haben, der Bürger zur Einhaltung der Gesetze mahnte. Heute kraxelt hier einer nach dem anderen mit Hilfe eines Stahlseils ein paar Meter abwärts in den Weinberg hinein. Damit ist die erste Hürde locker überwunden

„Mit dem steilsten Weinberg Europas stürzten wir uns kopfüber ins Abenteuer unseres Lebens und wissen jeden einzelnen Augenblick zu schätzen."

Angelina und Kilian Franzen, Calmont-Winzerpaar

– Dank Deutschem Alpenverein und vielen freiwilligen Helfern der umliegenden Gemeinden Bremm, Ediger-Eller und Neef. Sie alle haben dafür gesorgt, dass der Calmont überhaupt erst begehbar wurde. Gemeinschaftlich wurden Wildnis und Geröll weg geschafft, etliche Trittbügel in den Fels getrieben und schwierige Passagen mit Handläufen und Metallleitern entschärft.

Der Weg führt an Weinbergpfirsichbäumchen vorbei, mal an Brombeersträuchern. Der Buchsbaum wächst hoch über die Wanderer hinaus. Das mediterrane Klima lässt wilden Thymian gedeihen, Eidechsen flitzen über den Schieferboden. Sogar die seltenen Apollofalter flattern den Wanderern um die Köpfe herum.

Wellenförmig durchziehen Kaulen den Calmont, unterbrochen von Schieferklippen. In diesen Mulden zwischen den Felsen wachsen einige der besten Rieslinge heran. Wertvolle Lagen, die vor Jahren noch als verloren galten. Denn billige Massenweine und Skandale hatten den Weinbauern in der Vergangenheit so zugesetzt, dass sich die schwierige Bewirtschaftung für viele gar nicht mehr lohnte. Der Calmont war damals ein sterbender Berg. Das ist heute zum Glück anders. Inzwischen sieht man nur noch wenige Brachen.

Atemberaubende Aussichten für mutige Wanderer

Stetig auf und wieder ab schlängelt sich der schmale Pfad an Reben und Felsen entlang. Eine einigermaßen gute Kondition brauchen Wanderer schon, um in zwei bis drei Stunden bis nach Bremm zu kommen. Man ist zwar nicht auf der Zugspitze unterwegs, allerdings auch nicht auf der Promenade in Cochem. „Bonsai-Alpinismus" wird diese Art des Wanderkletterns von manchen genannt. Doch zur Belohnung für die Anstrengung gibt's atemberaubende Aussichten in Hülle und Fülle. Denn seit fast einer Million Jahren schleift nun schon der Fluss das Calmontmassiv und hat ein sagenhaftes Naturschauspiel aus Wasser, Felsen und Reben geschaffen.

Calidus Mons, heißer Berg, haben die Römer den Calmont genannt. Lange Zeit lag der Weinberg weitgehend brach. Heute wachsen hier wieder mineralische, elegante Rieslinge heran. Wanderer laufen an den Rebstöcken entlang.

Das hat sich natürlich herumgesprochen. Macht das Wetter mit, kommen sie deshalb in Scharen aus allen Himmelsrichtungen in die Region, um die imposanten Hänge live und in Farbe zu erleben. Sie bezwingen schmale Steintreppen. Hangeln sich an Felswänden entlang. Ein bisschen Nervenkitzel ist dabei immer garantiert: Denn unmittelbar neben dem Wanderpfad geht es hunderte von Metern in die Tiefe!

Eine Gruppe schwindelfreier Grundschulkinder zieht schnatternd vorbei. Rentner mit Rucksäcken sind unterwegs, genauso wie Familien, viele Jugendliche und junge Paare. Überall im Berg rasten Menschen auf Felsvorsprüngen, und stopfen schwitzend ihre Jacken in Taschen. Denn froren die meisten noch zu Beginn ihrer Tour, macht der Calmont spätestens gegen Mittag seinem Namen alle Ehre. „Calidus mons“ kommt nämlich aus dem Lateinischen und heißt übersetzt „Heißer Berg“.

Hier haben schon die alten Römer über die Hitze gestöhnt als sie den Moselfranken Nachhilfe im Weinanbau gaben. Denn wie ein nach Süden offener Hohlspiegel fangen die Hänge die Sonnenstrahlen ein und speichern sie in den Schieferböden. Im Hochsommer klettert das Thermometer sogar bis auf 50 Grad.

Bergrettung bei Bullenhitze

Schwitzend geht's zum nächsten Aussichtspunkt. Ein Schild verrät, dass hier die Franzen-Weine gedeihen. In einem riesigen Halbkreis wachsen die Reben steil nach oben! Unten auf der Mosel tuckern Wasserfahrzeuge aller Größenordnungen vorbei. Lange Kähne schieben ihre Ladung im Schneckentempo durch Kurven, dazwischen paddeln Kanufahrer, Motorboote zischen durchs Wasser. In diesem „Theaterhalbrund“ führt der Winzer Kilian Franzen mit seiner Frau Angelina den Traum seines Vaters erfolgreich weiter. Denn wie kaum ein anderer hat sich Ulrich Franzen um die Region verdient gemacht. Ohne ihn wüchse am Calmont viel weniger Wein, weiter oben wohl eher gar nichts. Er war einer der ersten, die dabei waren, als es damals hieß „Rettet den Calmont!“.

Mit der Unterstützung des Kulturamtes in Mayen hatte der Bremmer Winzer gegen Ende des vergangenen Jahrtausends 112 brach liegende Parzellen von etlichen Eigentümern zusammengekauft, die Wildnis gerodet und etwa 7.900 Rieslingreben in den Boden gesetzt. Mit seiner Begeisterung steckte der Pionier viele Winzerkollegen an. Mit ihrem einzigartigen Gemeinschaftsprojekt haben die Männer und Frauen der umliegenden Gemeinden ihren sagenhaften Calmont wiederbelebt!

Man kann gar nicht so viele Hüte aufsetzen, wie man ziehen möchte vor Menschen, die sich in solchen Weinbergen plagen. Denn was es bedeutet, Steillagenriesling zu machen, bekommt man im Klettersteig hautnah vor Augen geführt. Während sich Wanderer an der Aussicht über die Mosel erfreuen, machen die Weinbauern hier im Wortsinn den Buckel krumm.

100 Prozent Handarbeit

Bei Hangneigungen bis zu halsbrecherischen 65 Grad ist der Einsatz von Maschinen unmöglich. Wer im Calmont ernten will, muss seine Muskeln einsetzen. Nirgends wird so aufwendig produziert wie an den Steilhängen an der Mosel. Selbst wenn ein Winzer ackert wie besessen, dauern sämtliche Arbeiten dreibis viermal so lange wie in flachen Lagen. Technische Hilfe bietet nur die Monorack-Bahn, die sich auf Stelzen über Schiefergeröll den Berg hoch schlängelt. Eine Art Achterbahn in Zeitlupe, die die Gerätschaften und den Winzer nach oben befördert. Kiste um Kiste knattern die Trauben mit ihr zurück ins Tal, um später in der Presse zu landen.

Dabei heraus kommen Weine mit Heimat-Geschmack. Man kann jedem nur ans Herz legen, die mineralischen, eleganten Rieslinge aus dem Calmont nach der Tour zu probieren. Doch vor dem Genuss steht der Schweiß, zum Schluss wird der Weg nochmals alpin. Über gut gesicherte Felsen und Leitern geht es oberhalb der Bremmer Todesangst hinauf und direkt steil wieder hinunter. Nur über diese Passage mit dem dramatischen Namen erreichten die Leute früher bei Hochwasser trockenen Fußes den Bahnhof in Eller.

Dann ist bald schon der Ausstieg oberhalb der Kirche zu sehen. Einige Wanderer zweigen nach rechts in Richtung Gipfelkreuz ab, und nehmen den Höhenweg zurück nach Ediger-Eller. Andere laufen zufrieden, aber erschöpft, hinunter ans Moselufer und planen den Weg über den Bergrücken halt fürs nächste Mal ein. Denn wer einmal auf dem Calmont stand, den ruft der Berg immer wieder.

Die Steillagen türmen sich dramatisch über der Mosel auf. Von Aussichtspunkten wie der „Todesangst" stürzt der Blick ins Bodenlose. Immer im Blick: Die Klosterruine Stuben, der Fluss und die imposante Schleife.

Moselschleife bei Trittenheim

Das Auge trinkt jetzt mit

Adieu, eicherustikale Wandvertäfelung! Dunkle Probierstube war gestern. Die neuen Vinotheken machen Weingüter zu attraktiven Ausflugszielen. So schön wohnt der Wein.

Die Vinothek von Peter und Andrea Regnery (links), die Schatzkammer des Weinguts Immich-Anker (rechts)

Am Wein kommt im Tal keiner vorbei, man begegnet ihm an allen Ecken. Und auch nicht an den attraktiven Wohnzimmern für den Riesling, die überall entlang der Mosel entstehen. Wer nicht einfach nur ein paar Flaschen Wein kaufen möchte, setzt sich in eine der Vinotheken, um sich vom Chef oder der Chefin des Hauses persönlich das Mysterium Wein erklären lassen. Die Winzer und Winzerinnen investieren seit einigen Jahren kräftig in schöne Wohnzimmer für ihren Wein. Inmitten der urigen Fachwerkdörfer finden sich Weingüter im modernsten Design. Mancherorts wird ganz neu gebaut, an anderer Stelle Althergebrachtes ergänzt oder aufwendig saniert. Dabei präsentieren sich die einen elegant, andere auffällig und mutig.

Zum Beispiel das Weingut F. J. Regnery in Klüsserath. Die Vinothek des Betriebs wurde vom Deutschen Weininstitut unter die 50 schönsten in ganz Deutschland gewählt. Etwas versteckt in einer engen Straße erhebt sich der eigenwillige Bau – mehr Kontrast zu den umliegenden Häusern geht kaum. Denn gut sechs Meter lange Holzplanken bilden einen Kreis um ein zweistöckiges Gebäude, das ein bisschen an ein Ufo erinnert. Mit diesem ovalen Gebäude haben Peter und Andrea Regnery ihren Weinen ein futuristisches Schaufenster beschert. Bis zu 25 Personen finden in der oberen Etage Platz – etwa für eine genüssliche Weinprobe mit prächtiger Aussicht auf den Steilhang der Klüsserather Bruderschaft. Peters Regnerys Juwelen sind der Riesling und der Spätburgunder. In seinen Weinbergen erntet der Winzer aber auch die Rebsorte Syrah. Unglaublich, dass es so etwas überhaupt gibt an der Mosel.

Weinarchitektur aus Meisterhand

Für Aufsehen sorgt auch das Weinkulturgut Longen-Schlöder in Longuich bei Trier. Denn Sabine und Markus Longen haben sich vom Südtiroler Stararchitekten Matteo Thun unkonventionelle Gästezimmer in Form von kleinen Winzerhäuschen auf die Wiese setzen lassen. Erbaut aus heimischem Holz und Schiefergestein, ein jedes mit Terrasse und eigenem, kleinem Gärtchen. Ein echter Augenschmaus, der längst nicht nur Architekturfans begeistert. Für das leibliche Wohl wird mit hauseigenen Weinen und regionaler Winzerküche in der zugehörigen Vineria-Vinothek gesorgt. Für das gelungene Konzept gab es sogar den Architekturpreis Wein, ausgelobt von der Architektenkammer Rheinland-Pfalz, des Weinbauministeriums Rheinland-Pfalz und des Deutschen Weinbauverbandes. Doch auch mit Veranstaltungen wie Kunstausstellungen oder Weingenuss gepaart mit Musik und Literatur hat sich das Weinkulturgut längst einen Namen gemacht.

Einige Flussschleifen weiter hat sich Axel Pauly in Lieser einen markanten Kubus auf den Berg würfeln lassen. In seiner vom Wein-

Winzerhäuschen im Weingut Longen-Schlöder (links), die Vinothek von Axel Pauly (oben rechts), die Riesling Manufaktur in Ürzig (unten rechts).

institut ausgezeichneten Vinothek steht die Kundschaft buchstäblich auf seinem Wein, denn eine begehbare Glasscheibe ermöglicht den Blick auf die Fässer im darunter liegenden Keller.

Auch Axel Pauly gehört zu der Winzer-Generation, die dem Riesling mit frischen Ideen und handwerklichem Geschick eine sagenhafte Renaissance bescherten.

Die Männer und Frauen, die in der Weinwelt zunehmend das Steuer übernehmen, sind exzellent ausgebildet. Aus Weinbauern wurden Fachleute für Weinbau und Önologie, Experten und Expertinnen für Internationale Weinwirtschaft. Und noch etwas unterscheidet sie von früheren Generationen: Ihre Freude daran, Kollegen in anderen Ländern über die Schulter zu schauen. Auslandserfahrungen sind bei den Winzerkindern inzwischen fast Standard. Viele von ihnen kommen mit neuem Wissen zurück in die elterlichen Betriebe, räumen erst einmal im Keller und im Weinberg auf, experimentieren mit neuen Sorten und lassen originelle Etiketten entwerfen.

Axel Pauly hat sich in der Welt umgesehen, viele seiner Ideen resultierten aus seinen Wanderjahren. Klar und authentisch wie sein Riesling wirkt auch die Vinothek mit schöner Dachterrasse und herrlichem Ausblick auf die Reben.

Ein paar Kilometer flussabwärts ragt das Schmuckstück von Doris und Johannes Schmitz aus dem legendären „Ürziger Würzgarten" heraus, das zu den schönsten Vinotheken an der Mosel zählt. Wer über die Bundesstraße fährt oder mit dem Schiff über die Mosel schippert, kann den eleganten Bau am Ortsrand von Ürzig eigentlich nicht übersehen. „Riesling Manufaktur" steht auf der grauen Fassade in goldener Schrift. So golden wie auch der Riesling schimmert, der darin in glitzernden Edelstahltanks reift. Das Gebäude aus Schiefer, Stahl und Glas beherbergt das Kelterhaus, den Gärkeller sowie die Verkaufsräume und eine kleine Weinbar. Das ganze Ambiente ist abgestimmt auf den Wein, der rundherum wächst. Schöne Sitzmöglichkeiten zum Genießen finden sich zudem auf der Terrasse, direkt im Ürziger Würzgarten gelegen.

Der Garten Eden in Erden

Einen Steinwurf entfernt erntet Andreas Schmitges im Erdener Prälat, der wohl kleinsten Traumlage am Fluss. Eine gerade mal 1,5 Hektar große Begehrlichkeit aus feinstem rotem und grauem Schiefergestein, komplett nach Süden gerichtet. Wer sich auskennt, der weiß: Das verheißt Gutes. Solche Weine haben einen stilvollen Auftritt verdient. Mit ihrer Vinothek vis-a-vis in Erden schufen Andreas und Waltraud Schmitges die entsprechende Bühne. Boden und Tresen bestehen aus Schiefer, eben jedem Gestein, dass man auch in den Weinbergen findet. Sämtliche Möbel wurden vom Schreiner aus dem

Daniel Immich in seinem Weinberg Eisbruch (oben links), Sabine und Markus Longen und Axel Pauly (rechts).

280 Jahre alten ehemaligen Dachstuhl gefertigt. Ein weiterer Clou ist der samtige Kalkmarmorputz der Fassade. Tatsächlich bleiben Passanten stehen, um die Mauern des Hauses zu streicheln. Auch so etwas bekommt man garantiert nicht alle Tage zu sehen.

Wein und Architektur, das sind zwei, die seit Jahrhunderten zusammengehören. Schon der Urgroßvater von Daniel Immich war ganz vorne mit dabei, als er 1897 eine prächtige Villa in Enkirch vor seine Rebstöcke setzte. Gleich neben dem denkmalgeschützten Stammhaus mit Türmchen steht inzwischen ein zeitgenössischer Bau, der den Shop und die Vinothek beherbergt. Daniel Immich nimmt sich gerne Zeit, Interessierten bei einer Verkostung das Mysterium Riesling zu erklären. Er erzählt von der Landschaft, in der sein Wein wächst. Vom Steffensberg oder der Einzellage Eisbruch. Vom Knochenjob der Winzer, vom Schiefer, vom Rütteln von Sekt. Besser kann man die Tropfen der Region einfach nicht kennenlernen.

Hier geht's lang

Weingut Pauly, Hochstraße 80, 54470 Lieser, Tel. 06531 / 6143, www.wein-pauly.de.

Weinkulturgut Longen-Schlöder, Kirchenweg 9, 54340 Longuich-Kirsch
Tel. 06502-8345, www.longen-schloeder.de

Weingut F-J Regnery, Mittelstr. 39, 54340 Klüsserath, www.weingut-regnery.de. Termine für Weinproben nach Absprache unter Tel. 05555 / 36547.

Riesling-Manufaktur Rebenhof, Hüwel 2-3, D-54539 Ürzig, Tel. +49 (0) 65 32-45 46, www.rebenhof.de.

Weingut Schmitges, Hauptstraße 24, 54492 Erden, Tel. 06532 / 2743, www.schmitges-weine.de. Geöffnet April bis Oktober freitags und samstags von 15 -19 Uhr, sonntags von 10 - 13 Uhr.

Weingut Immich-Anker, Am Steffensberg 19, 56850 Enkirch, Tel. 06541 / 6230, www.mosel.net. Geöffnet tägl. ab 9 Uhr.

Gefundenes Fressen

In der Villa Melsheimer kommen Kunstwerke auf den Teller.

Es hat sich viel getan in den Küchen am Fluss, mittlerweile leuchten sogar die Sterne. Doch die Edel-Köche sind nur die Spitze des Weinbergs: Immer mehr Weingüter und Restaurants singen das Hohelied auf ihre regionalen Spezialitäten. Eine kulinarische Schatzsuche an der Mosel.

(Linke Seite): Köstliches aus der Melsheimer-Küche.
(Oben): Die Brände und Geiste von Hubertus Vallendar gelten als Superstars. Im Frühling blüht der Weinbergpfirsich in der Gegend um den Calmont.

Die Rheinländer schätzen ihren Sauerbraten, Ostfriesen schwören auf Grünkohl mit Pinkel, in Bayern geht's seit Generationen um die Wurst. Und bei welcher lokalen Spezialität wird's den Menschen an der Mosel warm um Herz und Magen? Fragt man die Moselaner, nennen sie immer wieder Gräwes, ein tief in der Region verwurzeltes Gericht. Mit der deftigen Kost aus Kartoffelpüree, Sauerkraut und Speck haben sich die Winzer schon vor über 100 Jahren bei der schweren Arbeit im Wingert (hochdeutsch: Weinberg) gestärkt. „In meiner Kindheit mochte ich besonders Gräwes mit Krachelscher, so heißen bei uns die Croutons", erzählt Markus Reis aus Zeltingen-Rachtig. In seinem Gasthaus Zeltinger Hof kommt das einstige Arme-Leute-Essen längst wieder auf den Tisch – gerne auch mal saisonal mit Kürbis oder Maronen verfeinert.

Markus Reis ist Koch, Sommelier und Moselaner mit Haut und Haar. In seiner Küche setzt der Gastronom auf moselländische Deftigkeit mit Finesse, eingekauft werden Zutaten aus der Region. So landen auf den Tellern zum Beispiel Hirschragout aus Zeltinger Jagd, Ziegenkäse aus Gillenfeld oder fangfrischer Fisch vom Forellenhof im Hunsrück.

Des Fischs bester Freund ist Wein. Das ist so klar wie derselbe. Zumal, wenn die Auswahl so überwältigend ist. Allein rund 160 Weine sind im offenen Ausschank zu haben. Zu Recht trägt der Zeltinger Hof den Beinamen „Haus des Rieslings".

Auch in Klotten sitzen hungrige Reisende nicht auf dem Trockenen, wenn sie Regionalküche mit dem gewissen Etwas suchen. Im Gasthaus zu Post überrascht Inhaber und Chefkoch Klaus Berens zum Beispiel mit der typisch moselländischen Spezialität Tresterfleisch in einer pikanten Pfefferrahmsoße. Die wichtigste Zutat ist dabei der Trester, der Grappa der Mosel.

„Landhausküche mit mediterranem Einfluss" nennt Ralf Horstmann sein kulinarisches Konzept. Sein Burgblickhotel in Bernkastel-Kues war vor dem Umbau eine Art Kegelclub-Pension mit Metzgerei. Wo früher Wurst und Gulasch über die Theke gingen, wird jetzt vor frei gelegtem Mauerwerk Riesling & Co. ausgeschenkt. In der Weinbar sind bekannte Winzer wie Dr. Loosen und Markus Molitor ebenso vertreten wie ambitionierte Jungwinzer der Region. Aus dem ehemaligen Schlachthaus wurde das kleine Restaurant Ochs. Auf schwarzweißem Schachbrettboden wird an blankgeschrubbten Holztischen Entrecote vom Eifelrind kredenzt. Auch Zander auf Gräwes können sich Liebhaber der Moselküche bestellen.

Steillagen, Spitzenweine, Sterneküche

So isst man also nun an der Mosel. Zwar stehen mancherorts tatsächlich immer noch Jägerschnitzel und Spießbraten als saisonale Empfehlung auf der Karte, freilich gibt es hier und da noch barocken Mief. Ein gefundenes Fressen für alle, die behaupten, trinkfreudige Kegelclubs hätten die Gegend bislang fest im

Oben: Dirk und Britta Melsheimer (rechts), Alessandro Riemer und Katharina Ekelik von der Villa Melsheimer; das Rittersturz in Veldenz (unten), Anja und Ton Kroone vom Schützenhaus

Griff. Tatsächlich aber ist die Mosel für Genießer längst kein Geheimtipp mehr.

Tatar-Cannelloni von der Königskrabbe oder Gelee von Champagnerlinsen? Aber sicher. Immerhin schlängelt sich der Fluss an der 1- bis 3-Sterneküche entlang. Das Wein- und Tafelhaus in Trittenheim und Rüssels Landhotel in Naurath gehören zu den Adressen mit einem Stern.

Mit zwei Sternen schmücken sich Schanz` Restaurant in Piesport und das Becker's im Trierer Stadtteil Olewig. Anspruchsvolle Gourmets können auch weiter reisen nach Dreis bei Wittlich. Am Ortsrand zaubert Clemens Rambichler im Waldhotel Sonnora auf allerhöchstem Niveau. Und in Perl-Nenning kann sich das Victor's Fine Dining by Christian Bau kaum noch vor Reservierungen retten. Mit je drei Sternen haben die Test-Esser des Restaurantführers die beiden Nobel-Lokale geadelt, mehr geht nicht. Das bedeutet in den Worten des Guide Michelin: „Eine einzigartige Küche – eine Reise wert!".

Eine Reise wert ist allerdings auch die unbesternte Besser-Esser-Gastronomie. Leben wie Gott an der Mosel kann man zum Beispiel in dem über 1.000 Jahre alten Fachwerk-Dörfchen Reil. Im Wine & Dine, untergebracht im Boutique-Hotel Villa Melsheimer, tischen Dirk Melsheimer und Kollege Alessandro Riemer feine Moselgerichte und gehobene Küche auf. Die Speisen, unter vornehmen Hauben serviert, erzählen von den Ursprüngen der Mosel, denn gekocht wird mit deutsch-französischem Einschlag.

Wie wäre es mit Tournedos vom Hirschrücken? Oder Winzersteak mit Traubenkonfit und hausgemachten Bratkartoffeln? Wer sich etwas Außergewöhnliches gönnen will, wählt ein Gourmet-Menü. Die beiden ambitionierten Köche zaubern Kunstwerke auf die Teller. Bei den Zutaten greifen sie gerne und reichlich auf die Umgebung zurück. Das Schweinefleisch wird aus der Eifel gebracht, das Wild aus dem nahen Kondelwald. Topinambur, Bärlauch und Quitten wachsen im eigenen Garten. Der erstklassigen Öko-Rieslinge von Cousin Thorsten Melsheimer kommt gleich von nebenan. Der Honig wird von fleißigen Bienen in Enkirch gemacht. Und wer seinen Senf dazu geben will, nimmt halt die Edel-Variante aus Cochem. „Unsere Gäste kommen immer sehr begeistert von den Führungen zurück", erzählt Dirk Melsheimer.

Die fast 200 Jahre alte Senfmühle in Cochem ist ein Publikumsmagnet. Senfmüller Wolfgang Steffens hat sie restauriert und produziert dort feinste, kaltvermahlene Gourmetsenfsorten. Mehrmals täglich wird Interessierten gezeigt, wie zum Beispiel Riesling-Senf oder Waben-Senf entstehen.

Heimat im Glas

Was dem Senfmüller die Mahlsteine, ist Hubertus Vallendar der Kessel. Der Moselaner ist Edel-Brenner und überzeugt mit seinen Bränden und Geisten immer wieder die Juroren diverser Wettbewerbe. Das Schnaps-Mekka liegt hoch über der Mosel in Kail. Die chromblitzende Technik in der Destillerie beeindruckt, die Fülle der Schnäpse allerdings auch. Fabelhaft, was dieser Mann alles verflüssigt. Pro Jahr sind es 400 Tonnen Früchte. Zum Beispiel Äpfel, Quitten, Mirabellen oder Waldhimbeeren. Aber auch Hochprozentiges aus Ingwer, Limonen und Spargel steht im

Das Weingut Springiersbacher Hof liegt gleich neben der Kirche in Ediger.

Regal. Ebenso Brände und Geiste aus Mangos, Kaffee und Tee. Geht nicht, scheint es für Hubertus Vallendar dabei nicht zu geben. Die Palette reicht vom heimischen Riesling-Trester über Gin bis zum Single Malt Whisky.

Allein der Duft der Destillate ist eine Wucht! So intensiv, dass man den Eindruck hat, man stecke mit der Nase in der Frucht. „Ich will die Natur möglichst authentisch in die Flasche bringen", sagt Hubertus Vallendar. Ein Schluck vom Roten Weinbergpfirsichbrand und man schmeckt die Region: Aus gut 25 Kilo der Früchte gewinnt der Edelbrenner gerade mal etwa einen Liter dieser ganz speziellen Rarität. Der Weinbergpfirsich ist eine Hommage an die Heimat.

Pfirsiche an der Mosel? Ja, richtig gelesen. Die Römer haben den „Prunus persica" mit den Reben über die Alpen ins Tal getragen. Im Vergleich zum Pfirsich aus dem Supermarkt hat die winzige Schwester aus dem Weinberg ein weinrotes, festes Fleisch. Und ist eher leicht herb als süß. „De rude Peesch", wie man an der Mosel sagt, ist ein flexibles Früchtchen. Die eingelegten Hälften sind beliebt als Dessert oder Kompott. Ein Klassiker in den Cafés ist die Weinbergpfirsichtorte. Klarer Favorit ist für viele der Pfirsichlikör. Kaum ein Lokal an der Mosel hat den regionalen Star nicht in irgendeiner Form auf der Karte.

Das war allerdings nicht immer so. Denn in den 60er-Jahren wurde die Bäumchen rigoros gefällt, weil sie den Vollerntemaschinen im Wingert den Weg versperrten. Doch Ende der 90er-Jahre schlugen Hubertus Vallendar und der Spitzenwinzer Reinhard Löwenstein vor, den Pfirsich wieder an die Hänge zu setzen, um die Artenvielfalt zu erhalten und brachliegende Rebflächen vor der Verbuschung zu bewahren. Inzwischen stehen zwischen Cochem und Bremm wieder als mehr 10.000 der zierlichen Bäumchen.

Rieslingsuppe zum Wein

Die Bäume der Borcherts wachsen in ihren Weingärten am Calmont, wo die Mosel ihre wohl perfekteste Schleife zieht. Im September holt Gabriele Borchert die Knirpse vom Baum, dann geht es ihnen für Marmelade, Chutney oder Schnaps an den mausgrauen Pelz. Gemeinsam mit ihrem Mann, dem Winzer Michael Borchert, bewirtschaftet sie den Springiersbacher Hof in Ediger-Eller. Seit über 200 Jahren sind die historischen Mauern schon in Familienbesitz. Zu den Tropfen ihres Mannes verwöhnt die Gastronomin ihre Gäste mit feinen Gerichte aus der Winzerküche. In ihrem Wein-Café steht zum Beispiel gebackener Ziegenkäse im Teigmantel mit Weinbergpfirsich-Chutney auf der Karte. Natürlich fehlt auch der Klassiker am Fluss, die Riesling-Creme-Suppe, nicht. Und die Winzer-Sülze mit mosselländischer Senfsoße ist ein Gedicht! Das Carpaccio vom Rinderfilet kommt hier mit gehackten Walnüssen daher.

Die Walnuss ist die Olive der Mosel. Überall in der Region begegnete man dem starken Baum. Wer die Nussbaumallee in Brauneberg abschreitet, muss satte 1,6 Kilometer laufen.

Der Walnuss-Bienenstich gehört zu den Bestsellern im Café K. Das Lokal ist eine Institution in Bernkastel-Kues. Schon zweimal hat Inhaber Kornelius Widera den Standort gewechselt und die ganze Karawane zog mit.

Rechts oben: Grandioser Ausblick vom Schützenhaus

Rechts unten: Ralf Horstmann in seinem Restaurant Ochs im Burgblickhotel.

Unten: Alle Welt liebt Kibbeling! Tom Kroone hat das niederländische Fisch-Gericht an die Mosel gebracht.

Der Konditor ist bekannt für seine großartigen Kuchen und Torten. Getreu dem Leitspruch „Backmischungen sind des Teufels" ist für industrielle Produkte in seiner Backstube kein Platz. Kein Pülverchen, keine Früchte aus dem Glas. Sogar der Mohn wird selber gemahlen. Das Rezept für seinen speziellen Bienenstich hat er von seiner Mutter aus Polen an die Mosel gebracht.

Auch der Holländer Ton Kroone ist längst in Bernkastel heimisch geworden. Mit seiner Frau Anja führt er das Schützenhaus, luftige 65 Meter über der historischen Altstadt gelegen. Das Bistro ist ein beliebter Treffpunkt für Einheimische und Touristen, die dazugehörige Terrasse eine der schönsten der ganzen Region. Vor einem Postkarten-Panorama werden moseltypische Gerichte wie Winzersteak oder Gräwes mit Kassler und Mettwurst serviert. Mit Kibbelingen mit hausgemachter Remouladensoße oder Huhn nach Mutters indonesischem Rezept spiegelt sich die Nationalität des Gastgebers auf der Speisekarte wieder. Der zugewandte, herzlichen Service macht den Besuch des Lokals zum Wohlfühlerlebnis.

Im Weinort Nittel kreiert der österreichische Spitzenkoch Walter Curman raffinierte Speisen mit internationalen Einflüssen und bodenständige Klassiker in neuem Gewand. Von der Elblingschaumsuppe mit gerösteten Kürbiskernen bis zum Hummerschwanz reicht die Auswahl. Das Culinarium ist der ideale Ort, um ein original Wiener Schnitzel mit Kartoffel-Gurken-Salat oder Steirisches Backhendl zu genießen.

Ein Original ist auch das „Rittersturz", ein Ort für Feinschmecker, die auf der Suche nach einem Geheimtipp sind. Fast geheim ist der Tipp schon deshalb, weil das Restaurant gar nicht so leicht zu finden ist. Man muss sich dazu drei Kilometer von der Mosel weg nach Veldenz bewegen, genauer gesagt nach Thalveldenz. Wer sucht, der findet, und zwar ein putziges Häuschen mit Fensterläden und Garten, inmitten von Wald und Wiesen, an einem plätschernden Bach. Als wäre das nicht schon romantisch genug, liegt es auch noch am Fuße der Ruine von Schloss Veldenz, die auf einem Kegel der sich auftürmenden Hunsrückberge thront. Hier betreiben Doreen Sömisch und Volker Kruft ihr feines Restaurant, das schon wegen seiner Lage in wucherndem Grün seinesgleichen sucht. Doch man muss kein Naturfreak sein, um sich dort wohlzufühlen. Die beiden Räume sind urig-gediegen. In der Küche entstehen spannende Gerichte wie Hirschrücken mit Walnusskruste oder Meerbarbe mit Riesling-Safransauce. Mit der Saison wechselt auch immer wieder die Karte. Gekocht wird mit Zutaten aus dem Umland, von Wildkräutern über Gemüse bis zu Fleisch, die Volker Kruft mit internationalen Delikatessen bereichert.

So isst man nun an der Mosel.

Jakoby

Einchecken in die Vergangenheit

Früher soll ja bekanntlich alles besser gewesen sein, sogar die Zukunft! In einigen Häusern im Tal können Nostalgiker nun stilistisch ins Gestern eintauchen. Schlafen wie einst die Rittersleute oder lieber im Glanz der wohlhabenden Belle Époque? In Sachen Zeitreise haben diese Unterkünfte einiges zu bieten – sogar einen Hotelier, der mit seinem Oldtimer durch die Mosel fährt.

Romantik-Hotel Bellevue in Traben

Eintauchen in die Belle Epoque

Es war die Zeit der Federboas und extravaganten Zigarettenspitzen, die Welt war verrückt nach Kunst und üppiger Architektur. Wie schön, dass man diese glanzvolle Epoche noch bewohnen kann! Wer das Hotel Bellevue an der Trarbacher Uferpromenade betritt, reist in die Zeit, als der Moselriesling in die Pokale der Wichtigen und Mächtigen dieser Erde floss.

Um 1900 hatte Traben-Trarbach einen Ruf wie Donnerhall. Die Millionärsdichte in dem Städtchen war hoch, denn der Wein hatte den Bewohnern ein Vermögen beschert. Ihre Fässer wurden nach England, Russland und nach Amerika exportiert. Es herrschte ein enormer Wohlstand, der auch gezeigt werden wollte.

Reiche Weinhändler ließen sich pompöse Villen ans Ufer setzen. Platz war nach zwei verheerenden Stadt-Bränden reichlich vorhanden. Und Goldmark hatten sie ohnehin genug, sogar für Kunst am Bau. Es wurde aufwendig im Jugendstil gebaut, im Wiener Sezessionsstil und im Neobarock.

Wer auf sich hielt, der heuerte den Berliner Baumeister Bruno Möhring an. Die Traben-Trarbacher schätzen den aufregenden Stil des renommierten Architekten, er brachte Großstadtflair in die Provinz.

Der prominente Preuße hatte im Jahr 1899 bei der Ausschreibung für den Bau einer neuer Brücke das Rennen gemacht und Traben mit Trarbach durch eine moderne Stahlkonstruktion verbunden. Es war die allererste Straßenbrücke, die es zwischen Bernkastel und Koblenz überhaupt gab. Danach hagelte es Aufträge für den detailverliebten Architekten.

Er war es auch, der mit dem Clauss-Feist das wohl schönste Jugendstilhotel des Landes entwarf. Reich verziert mit auffälligen Unikaten, die sich auf die Quelle des Reichtums beziehen: den Wein. Der markante Erker in Form einer Sektflasche inklusive Korken muss damals schon ein Hingucker gewesen sein. Balkone symbolisieren die passenden Kelche.

Über die Jahre avancierte das Clauss-Feist zum ersten Haus am Platz. Wer hat nicht alles übernachtet in diesem eleganten Hotel! Baron von Thyssen gehörte zu den Gästen, ebenso gaben sich Graf von Anhalt und der „Rote Baron" Freiherr von Richthofen die Jugendstil-Klinke in die Hand. Auch der Schauspieler Heinz Rühmann bettete sein Haupt in dem Spektakel-Neubau in Trarbach.

Die imposante Brücke wurde zwar in den letzten Kriegstagen 1945 gesprengt, aber das von Möhring gestaltete Brückentor ist bis heute das Markenzeichen der Stadt. Und aus dem mondänen Clauss-Feist ist das elegante Hotel Bellevue geworden, eine Art Jugendstil-Museum zum Wohnen, Gucken und feinen Speisen. Denn die imposante Herberge überstand nicht nur zwei Kriege, sondern ebenso die Modernisierungswellen, in denen man florales Rankenwerk und üppig geschwungenes Design aus den Häusern verbannte.

Das Bellevue glänzt bis heute mit Jugendstil vom Feinsten: Von der Wendeltreppe über Wandmalereien bis hin zu Spiegeln und Fenstern aus farbigem Glas. Hier ist alles noch Belle Époque.

Schon der Blick in die Hotelgarage lässt die Herzen von Nostalgikern höher schlagen, denn dort parken rare Schätze auf Rädern. Wie aus einem James-Bond-Streifen entsprungen steht dort ein türkisfarbenes Amphicar. Den Kult-Wagen aus dem Jahr 1963 bekommt man weltweit überhaupt nur noch ganz selten zu sehen – doch an der Mosel darf man darin sogar Platz nehmen und fahren. Oder eine Tour entlang der Weinberge im 1929er Aston Martin gefällig? Hotelier Matthias Ganter macht's möglich, indem er seine Gäste durch die Landschaft oder im schwimmenden Cabrio durch den Fluss chauffiert. Einen Menschenauflauf am Ufer gibt's inklusive.

Seit 1992 wird das Gesamtkunstwerk Bellevue von Patron Matthias Ganter liebevoll gepflegt, restauriert und immer wieder erweitert. So ist zum Beispiel die Hotelbar im Pariser Jugendstil entstanden. Das Interieur im Haupthaus ist in den vergangenen über 100 Jahren weitgehend erhalten geblieben. Wer hier Urlaub macht, der kann in den Holz-Betten von damals schlafen oder in einer Wanne mit Schwanen-Emblemen baden. Anders als zur Entstehungszeit verfügt heute natürlich jedes Zimmer über ein eigenes Bad, auch ein Spa nebst Saunalandschaft hat Einzug gehalten. Doch das Flair der Jahrhundertwende bleibt im Bellevue bis heute erhalten.

Romantik Jugendstilhotel Bellevue,
An der Mosel 11, 56841 Traben-Trarbach
Tel. 06541 / 7030, www.bellevue-hotel.de

Burg Arras in Alf

Jedem seine Kemenate

Schon die Adresse ist genauso wie es sich für eine Zeitreise ins Mittelalter gehört: Kein Straßenname, nur eine Postleitzahl. Nachbarschaftslos thront die Burg Arras hoch über Alf. Gleich hinter dem Ortsteil mit dem dramatischen Namen Höllental weist ein Schild den Weg Richtung Burg. Ein kurvenreicher Waldpfad, gesäumt von Jugendstillaternen, schlängelt sich immer weiter nach oben. Eine letzte Kurve, dann ragt sie in den Himmel empor: Die Burg Arras, die hier seit fast 1000 Jahren steht. Zumindest teilweise.

Einst von den Pfalzgrafen als Bollwerk gegen die wüsten Normannen errichtet, fiel das Gemäuer im Jahr 1689 der Eroberungspolitik des Sonnenkönigs zum Opfer. Doch die Arras hatte Glück. Zwar schlummerte die Ruine zwei Jahrhunderte lang vor sich hin. Dann jedoch ließ Bergwerksdirektor Traugott Wilhelm Dykerhoff aus Herne die historischen Steine ab 1907 wieder zusammensetzen.

Gut 70 Jahre später ging das Bauwerk über in den Besitz von Maria und Otto Keuthen aus Briedel. Die Familie richtete das erste Burghotel an der Mosel ein, ein Restaurant und ein sehr spezielles Museum. Und hält das Gemäuer zur Freude der vielen Besucher bis heute sehr schön in Schuss. An jeder Ecke der Anlage sieht und fühlt man den Charme längst vergangener Zeiten, als noch Burgfräuleins mit wehendem Schleier um die Ecken huschten. Hier wird alles gezeigt, was man in einer Burg so erwartet: Jede Menge Waffen, unbequeme Rüstungen, sogar eine mittelalterliche Kanone ist dabei. Aber auch Skulpturen und die einzige Sammlung sämtlicher vor etwa 200 Jahren erschienener Grafiken des Mosellaufs. „Die Original-Einrichtung wurde im Pfälzischen Erbfolgekrieg von französischen Truppen mit der Burg in die Luft gesprengt", erklärt Roman Keuthen. „Alles, was man hier sieht, stammt zwar zum größten Teil aus der entsprechenden Zeit, aber nicht aus der Burg selbst."

Der sympathische Burgherr ist Kümmerer, Burghistoriker und Koch in Personalunion. Seit dem Tod des Vaters führt der Jurist gemeinsam mit seiner Mutter Maria die Geschäfte. Otto Keuthen hatte die nahezu unglaubliche Menge historischer Devotionalien und Kunstgegenstände im Laufe seines Lebens zusammengetragen. Die Burg ist wahrscheinlich das größte Exponat, das der Sammler je kaufte. Doch wie viel echtes Mittelalter auch drin steckt: Die Burg Arras ist eine perfekte Zeitmaschine für eine Reise in vergangene Epochen. Reisende aus ganz Deutschland, China, Japan oder den Vereinigten Staaten quartieren sich im Burghotel ein. Hier ein Himmelbett, da ein Baldachin. In den zehn Doppelzimmern kann man schlafen wie einst die Ritter. Allerdings viel bequemer. Denn die Kemenaten wurden komfortabel ausgebaut und bieten modernen Luxus für die heutigen Bewohner. Sogar die Prinzessin auf der Erbse würde diese Ausstattung mit der vollen Punktzahl bewerten.

Alle Gemächer tragen Namen. Da sind zum Beispiel Balduin, Constantin oder Elvira. „Elvira ist das Burggespenst", klärt Roman Keuthen auf. „Weil sie sich mit dem Stallburschen eingelassen hatte, wurde sie zur Strafe eingemauert." Bislang hat sich allerdings noch niemand über eine Begegnung mit besagter Elvira beklagt. Doch mindestens ebenso ungewöhnlich wie ein Burggespenst ist das Tigerfell, das eine Wand im Treppenhaus schmückt. Es gehört zum Nachlass des ehemaligen Bundespräsidenten Heinrich Lübke, von 1959 bis 69 im Amt. Weil dessen Ehefrau Wilhelmine die Tante von Maria Keuthen war, wurde für „Onkel Heini" ein Gedenkzimmer eingerichtet.

Ein Raum rappelvoll mit Gastgeschenken, Fotos und einigen skurrilen Erinnerungsstücken aus aller Welt. Prunkstück der Ausstellung ist ein Wandbehang aus dem Besitz der Madame de Pompadour (1721-1764), geschenkt vom Staatspräsidenten Charles de Gaulle zur deutsch-französischen Freundschaft. Oder wie Roman Keuthen sagt: „Zur Beendigung der deutsch-französischen Feindschaft."

Vom Museum aus führt eine Treppe hoch auf den 20 Meter hohen Bergfried. Oben angekommen eröffnet sich eine fantastische Fernsicht übers Tal. „Von hier aus sehen wir alles, was die Region zu bieten hat", sagt der Burgherr. Der Blick auf das Alftal, über den Kondelwald, die Mosel, die Eifel und den Hunsrück ist einmalig. Alles ist grün und dazu diese Stille. Ganz wie damals als Autos überhaupt noch nicht gab.

Hotel Burg Arras, 56859 Alf, Tel. 06542 / 22275, www.arras.de

Alte Lateinschule in Trarbach

Hier will keiner mehr weg

Pilgern auf dem Jakobsweg ist seit einigen Jahren im Wortsinn der Renner. Besonders seit Hape Kerkeling seinen Bestseller schrieb, waren schon sehr viele Menschen mal weg. Tagelang wandern. Natur erleben. Mit sich allein sein? Vor gut zehn Jahren wurde noch jeder, der ihn laufen wollte, verdächtigt, einem religiösen Wahn verfallen zu sein. Inzwischen verstopfen über 260.000 Menschen pro Jahr den spirituellen Pfad nach Santiago de Compostela.

Die gute Nachricht: Es gibt ja nicht nur diesen einen Jakobsweg über die Hauptroute von Frankreich nach Spanien. Denn ein riesiges Streckennetz mit Zubringerwegen zieht sich durch ganz Europa. Wer sich wirklich Ruhe und innere Einkehr erhofft, dem sei der Pilgerpfad am der Mosel empfohlen. Denn hier kann man noch genauso pilgern, wie man es sich vorstellt: Ohne Massenspektakel, fernab der großen Städte, dafür mittendrin in einer wunderschönen Natur.

Der Mosel-Camino führt auf 179 Kilometern flussaufwärts von Koblenz-Stolzenfels bis zur Benediktinerabtei St. Matthias in Trier. Auf acht Tagesetappen, jeweils zwischen 19 und 26 Kilometer lang, weisen gelbe Muscheln den Weg. Um die moseltypischen Mäander zu umgehen, führt der Weg auch über recht steile Passagen auf die Höhen von Eifel und Hunsrück. Nach stundenlangem Fußmarsch, nach Blasen, Tränen und Schweiß versteht dann auch so mancher, warum Pilgern im Mittelalter eine Strafe war. Da sehnen sich sogar die Hartgesottenen zwischendurch nach einem netten Quartier. Klassische Pilgerherbergen wie an der Hauptroute in Spanien bieten in der Regel wenig Komfort. Es riecht auch nicht immer so, wie man es schön findet, und es ist nicht immer so geräumig, wie viele es gerne mögen.

In der Alte Lateinschule in Traben-Trarbach hingegen kann man günstig und mit bezauberndem Flair übernachten. Denn wo früher Schülerinnen Grammatik und Vokabeln büffelten, werden heute Pilger von Herbergschefin Ulrike Böcking betüdelt.

Die Alte Lateinschule liegt gerade mal 200 Meter vom Mosel-Camino entfernt, etwa auf halber Strecke zwischen Koblenz und Trier. Vom Trarbener Rathausplatz führt eine Kopfsteinpflastergasse zu diesem besonderen Haus. Seit 1573 steht die Alte Lateinschule über den Hügeln der kleinen Jugendstil-Stadt, gleich neben der der evangelischen Kirche. Bis 1815 beherbergten die alten Mauern die erste höhere Schule im Moseltal. Zuletzt einen Jugendtreff. Danach standen die Räume lange Zeit leer.

Dann kam Ulrike Böcking. Leidenschaftliche Winzerin, Slow-Food-Expertin, Bergretterin. Und vor allem: Frau der Tat. Viele Jahre hatte die engagierte Moselanerin in Traben-Trarbach ein Weingut geführt und nebenher mit den Kollegen vom Klitzekleinen Ring verlassene Weingärten in der Steilstlage wieder auf Vordermann gebracht.

Vor einigen Jahren war sie dann auf Wohnungssuche und verliebte sich in das altehrwürdige Haus. Sie hatte die Idee, dort nicht nur zu wohnen, sondern eine Unterkunft für Pilger auf dem Mosel-Camino einzurichten. Jedes Eckchen auf dem Gelände ist heute liebevoll bepflanzt. Im lauschigen Garten tummeln sich Hummeln und Schmetterlinge, alles grünt und blüht wie bezahlt.

Betritt man das Haus, wird man von einer besonderen Atmosphäre empfangen. Im freundlichen Gemeinschaftsraum im Erdgeschoss kommen alle zusammen. Antiquitäten stehen herum, Holztische, eine Küchenzeile. Hier trifft man sich abends zum Plaudern. Morgens wird ein großzügiges Frühstück aufgetischt, von dem inzwischen jeder Gast schwärmt.

Etwa 600 bis 700 Übernachtungen werden pro Sommer gezählt, mittlerweile hat sich das Flair der Alten Lateinschule herumgesprochen. Ganze Familien oder Gruppen mieten sich am Wochenende ein. Denn Ulrike Böcking bietet nicht nur Fußgängern auf dem Weg entlang der Mosel Rast und Unterkunft. „Bei mir ist jeder willkommen, der es aushält mit anderen in einem Raum zu schlafen", sagt die Herbergsleiterin. Denn in der Herberge gibt es keine Doppelzimmer. Bis zu elf Leute finden in dem kleinen Schlafsaal unterm Dach Platz. Eine steile Holztreppe führt hinauf in die „Suite" - eine winzige Empore mit zwei Betten. Abends legt sich der zufriedene Pilger hier auf sein Lager, hofft fest darauf, dass niemand schnarcht - und ist auch schon weg.

Herberge Alte Lateinschule, Ulrike Böcking,
Kirchgasse 23, 56841 Traben-Trarbach,
Mobil 0171 - 3843601, www.altelateinschule.com

ÜBER
NACHT

HERBERGE
Pilger, Wanderer & Radfahrer
willkommen in der Herberge
an der ev. Kirche Trarbach
HERBERGE Alte Lateinschule, Kirchgasse 23, Trarbach
Tel.: 0171 - 384 36 01, www.altelateinschule.com

Willkommen im Steinreich!

Gut 25 Kilometer von Trier wird die Landschaft spektakulär. Hier steigen Wanderer über 140 Stufen in eine bizarre Felstrümmerwelt. Eine Tour durch die Teufelsschlucht bleibt lange im Gedächtnis – und in den Beinen.

Moosbewachsene Steinblöcke, riesige Felstürme. Bäume, die kreuz und quer in den Himmel zu wachsen. Was für eine irre Laune der Natur! Wie die Kulisse eines Fantasy-Films mutet diese verwunschene Landschaft an. Faszinierend und mystisch zugleich. Man fragt sich: Wo sind die Elfen? Lauert um die Ecke wohl ein Troll? Wen wundert's, dass die Leute früher glaubten, hier hätte der Leibhaftige persönlich randaliert. Anders konnten sie sich die Entstehung dieses unwirklichen Ortes einfach nicht erklären. So kam das bekannteste Naturdenkmal der Region zu seinem Namen: Die Teufelsschlucht. Ein imposantes Labyrinth aus Stein, das Menschen aus allen Himmelsrichtungen in den Naturpark Südeifel lockt.

Das Abenteuer beginnt am Naturparkzentrum bei Ernzen, gut 35 Autominuten von Trier entfernt. Dort erhebt sich das Ferschweiler Plateau, eine etwa acht mal vier Kilometer große bewaldete Hochfläche im deutsch-luxemburgischen Grenzgebiet. Blütenduft liegt in der Luft, nur Vogelgezwitscher ist zu hören. Ein scheinbar ganz gewöhnlicher Wanderweg führt vom Parkplatz durch einen Wald. Ein Pfad wie er Kinder normalerweise schon nach wenigen Schritten stöhnen lässt, wie lange denn die Latscherei bloß noch dauern möge.

Über 140 Stufen ins Steinreich

Doch dann klafft plötzlich die Erde auf. Beim Anblick dieser Felsspalte wird auch der müdeste Läufer mit einem Schlag wieder munter. Stufe um Stufe steigen sie hinein in den riesigen Fels, steil ragen Sandsteinwände rechts und links von ihnen in die Höhe. Ein Baum wächst hoch oben über den Köpfen zwischen dem blanken Gestein. Man läuft durch ein Überbleibsel der letzten Eiszeit.

Was früher die Fantasie der Menschen beflügelte, ist heute geologisch leicht erklärbar. Vor gut 12.000 Jahren kam es beim Wechsel von Frost- und Tauperioden zu gewaltigen Felsstürzen am Rand des Plateaus. Dabei entstanden spektakuläre Naturdenkmäler wie etwa die Irreler Wasserfälle und eben diese imposante Schlucht. Jetzt ruht die wilde Landschaft und Wanderer laufen staunend durch den 28 Meter tiefen Spalt im Fels. Unten ist es eng und kühl. Mal ist der düstere Gang bis zu fünf Meter breit, mal so schmal, dass zwei Leute nicht mehr nebeneinander gehen könnten. Die Felswände sind feucht, weil der Sandstein das Wasser aufsaugt wie ein Schwamm. Algen und Flechten wachsen hier. An manchen Stellen schimmert es grellgrün. Eine ungewöhnliche Farbe. Das ist das sogenannte Leuchtmoos, eine ganz seltene Sorte.

Schließlich zwängt sich einer nach dem anderen durch ein Nadelöhr im Gestein. Und landet inmitten eines Wunder der Natur! Lichtspiele verzaubern den Wald. Riesige Gesteinsbrocken von einem Moosteppich überzogen liegen stapelweise herum. Zwischen Wurzelwerk, Geröll und Felstürmen fühlt sich Mensch winzig klein. Wer hier wandert,

Steinerne Stufe, moosbewachsene Felsblöcke und eine verwunschene Lichtung, wie aus einer anderen Welt: Das ist die Teufelsschlucht.

bewegt sich auf versteinerten Meeresboden. Vom Ursprung dieser sagenhaften Landschaft erzählen die Teufelskrallen, eine prähistorischen Muschelgattung, die hier gefunden wurden. Vor 190 Millionen Jahren schwappten hier noch die Wellen übers Land. Aus Sandkörnern sind riesige Gesteinsblöcke geworden, verwittert zu Klippen und Klüften. Die Felswände sind mit Löchern, Höhlungen und Rillen bedeckt. Wetter, Wasser und Zeit erschufen in einer faszinierenden Co-Produktion diese wie von Riesenhand gemachte Felstrümmerwelt! Es geht über Brücken und an Abgründen vorbei, mal hoch, mal runter. Dann schlängelt sich der Weg wieder eng an bizarren Felsen entlang, deren geologische Zeichnungen manchmal wie Fratzen wirken. Drei Pfade zwischen knapp zwei und sechs Kilometern Länge führen gut markiert durch die Teufelsschlucht. Wanderer mit Stöcken kämpfen sich stochernd vorwärts. Kinder toben begeistert herum. Für Hunde ist die Felsenlandschaft ein ebenso aufregender Ort wie für zweibeinigen Besucher.

Über Holzstege und Steintreppen geht's hinunter ins Tal. Durch das Gewirr an bis zu 30 Meter hohen Felsen schlängelt sich ein Bach. Noch immer springt kein Kobold aus dem Fels, weit und breit ist kein Einhorn in Sicht.

Auf den Spuren der Jedi-Ritter

Allerdings kreuzten hier schon Jedi-Ritter die Laser-Schwerter. Denn zwischen den Felsen wurde der Fanfilm „Darth Maul: Apprentice“ gedreht, der bei youtube blitzschnell die 11-Millionen-Marke knackte. Die Teufelsschlucht diente schon oft als Schauplatz für Fantasy-Streifen. Doch jetzt macht die Natur die Musik: Nur die Irreler Wasserfälle rauschen. Mit dieser Bezeichnung hat der unbekannte Namensgeber schon so manchen in die Irre geführt, denn gemeint sind die Stromschnellen der wilden Prüm, die über dicke Felsblöcke gischten.

Wer unten am Wasser steht, muss natürlich irgendwann wieder hinauf. Beim steilen Aufstieg leuchten die roten Köpfe der Wanderer um die Wette, immerhin gilt es einen Höhenunterschied von 180 Metern zu stemmen. Die etwa zweieinhalb Kilometer lange Strecke zum Naturparkzentrum zurück ist gefühlt doppelt so lang. Doch am Ziel blickt man in lauter strahlende Gesichter. Die Mühe hat sich gelohnt. Sie ist einfach teuflisch schön, diese Schlucht.

Naturparkzentrum Teufelsschlucht,
Ferschweilerstraße 50, 54668 Ernzen
Die Teufelsschlucht ist jederzeit frei zugänglich.

Ländliche Idylle pur: Mit dem Boot unterwegs auf dem Holzmaar

Ganz die Ruhe!

Schwimmen im Vulkan

Im Meerfelder Maar ist schwimmen erlaubt.

Diese Gegend ist ein Hotspot! Und zwar im doppelten Wortsinn. Lange Zeit haben Feuerberge hier mächtig Dampf abgelassen, heute kommen Touristen zuhauf. Schwimmen in einem erloschenen Vulkan? In der Eifel ist‘s möglich.

Das Pulvermmaar und das Gemündener Maar (rechts)

Libellen fliegen herum, Wolken spiegeln sich im Wasser. Ein Boot treibt verlassen im Schilf. Hier kommen alle Zutaten zusammen für das perfekte Postkarten-Idyll. Angler und Haubentaucher lieben das fischreiche Gewässer, Spaziergänger ziehen Runde um Runde um das Naturparadies. Ruhig und friedlich wirkt dieser kleine See. Das Holzmaar. Geboren unter Donnergetöse vor gut 20 000 Jahren.

Damals wüteten die Feuerberge zwischen Mosel, Ahr und Rhein. Sie rauchten, rumpelten, glühten! Wer heute mit dem Auto durch die Eifel fährt, entdeckt Zeugen des Infernos zuhauf: Krater, Hügel und Schlackenkegel prägen die Landschaft. Nirgendwo sonst auf der Welt drängeln sich so viele erloschene Vulkane auf so kleinem Gebiet.

Eine besonders imposante Hinterlassenschaft dieser explosiven Zeit sind die Maare: Wild-romantische Naturschönheiten, tiefblau. Sie lehren uns, dass nicht alle Vulkane aussehen wie Berge. Die Schriftstellerin Clara Viebig nannte sie poetisch die „Augen der Eifel". Von oben sieht die Gegend um Manderscheid und Daun aus wie eine Seenplatte. Bislang wurden 75 Maare in der Eifel gezählt. Allerdings sind die meisten längst verlandet, nur zwölf davon sind noch mit Wasser gefüllt.

Glitzernde Augen der Eifel

Das nächste Maar ist nur vier Kilometer vom Holzmaar entfernt. Und keines ist so perfekt wie dieses! Fast kreisrund, mit komplett geschlossenen Kraterwall. Und mit 74 Metern sogar einer der tiefsten Seen in Deutschland. Das Pulvermaar ist eins der wenigen Maare, in denen Schwimmen erlaubt ist.

Ein weiterer Superlativ ist das Meerfelder Maar. Mit einem Durchmesser von etwa 1,5 Kilometer der größte Maarkessel, den die Eifel zu bieten hat. In der Kraterebene liegt auch das gleichnamige Dorf Meerfeld.

Auch hier: nichts als Idylle. Die Badesaison im Naturfreibad geht von Mai bis September. Von einem kleinen Steg klettern die Leute ins Wasser und kraulen los. Oder sie treiben mit Luftmatratzen im erloschenen Vulkan.

Wer am Ufer sitzt, kann sich schwer vorstellen, welche Dramen sich hier einst abgespielt haben. Im Maar-Museum in Manderscheid bekommen Besucher eine Vorstellung davon, was unsere Ahnen in der Eifel durchmachen mussten. Die Hölle tat sich damals auf! Glühendes Magma und Wasser trafen im Erdinneren aufeinander, explodierten und führten zu gewaltigen Eruptionen. Aschewolken verdunkelten den Himmel. Lavabrocken und Sand wurden noch oben heraus gespuckt und bildeten einen Wall um den Krater. Der füllte sich über die Jahre mit Wasser. Auf diese Weise entstanden die Seen. Der Name wurde wohl von dem lateinischen mare (Meer) abgeleitet.

Heute strahlen die Maare etwas Beruhigendes aus, hier kann man runterkommen. Abschalten in geschützter Natur. Eigentlich sitzt man viel zu selten am Maar. Die romantischen Gewässer haben etwas Mystisches – jedes auf seine eigene Art.

Touristenmagnet der Eifel

Hoch in der Gunst bei Touristen steht das Schalkenmehrener Maar. Um den mehr als 21 Fußballfelder großen See weiden Ziegen und Schafe. Surfer ziehen ihre Schleifen, Kinder

üben Salti vom Steg. Die Wassertemperatur ist durchaus gewöhnungsbedürftig, dennoch schwärmen viele von der Sanftheit des Wassers. Hier, ganz in der Nähe von Daun, wurden vor Urzeiten unmittelbar nacheinander drei riesige Löcher in die Erdoberfläche gesprengt. Deshalb liegt gleich nebenan das Weinfelder Maar. Das Wasser leuchtet türkis. Ein fast melancholischer Ort, um den sich zahlreiche Geschichten ranken.

Wahr ist: Früher gab es hier ein ganzes Dorf. Doch in Zeiten der Pest flohen die Weinfelder nach Schalkenmehren. Geblieben ist nur die kleine Martins-Kapelle, inmitten des Friedhofs. Vermutlich trägt dieses Maar deshalb im Volksmund den Namen Totenmaar. Die einzigartige Flora und Fauna sind unter Naturschutz gestellt. Das heißt, hier ist Schwimmen nicht erlaubt, aber auf den Wanderwegen kann man den Zauber auch erleben.

Vom Parkplatz zwischen dem Weinfelder Maar und dem Schalkenmehrener Maar führt ein Pfad auf den 561 Meter hohen Mäuseberg. Wie von den Gebrüdern Grimm entworfen, steht dort seit 1902 der sechseckige Dronketurm. Erbaut aus schwarzgrauen Basaltblöcken, die von der Zeit berichten, als die Vulkane in der Eifel noch rumorten. Die Aussicht von dem elf Meter hohen Gemäuer sollte man sich nicht entgehen lassen. Wer über die Wendeltreppe hinauf auf die Plattform klettert, dem eröffnet sich ein Panoramablick über die Landschaft. Da ist die Hohe Acht (747 Meter) zu sehen, der höchste Berg der Eifel. Erloschene Vulkankegel wie der Nerother Kopf. Und in der Ferne die Umrisse der Moselberge.

Keine Angst vor dem Vulkan

Zu seinen Füßen liegt das glitzernde Gemündener Maar. Hier paddeln Menschen durchs Wasser, Boote kreisen herum. Rundherum Hügel, Wiesen, Buchenwald. Eine Augenweide in Dunkelblau und frischem Grün. Ob dieses friedliche Bild für immer so bleibt? Über 10.000 Jahre sind die bislang letzten Turbulenzen nun her. Zuletzt entstand das Ulmener Maar, Deutschlands jüngster Vulkan. Seitdem ist Ruhe. Früher hieß es, die Krater seien längst für immer erloschen. Doch unter den Füßen der Eifel-Bewohner tut sich sehr wohl noch etwas. Forscher messen regelmäßig magmatische Gase, die Grüße aus dem Erdreich senden. Deshalb sprudeln in der Region auch Hunderte von Quellen mit natürlicher Kohlensäure.

Man nennt sie Sauerbrunnen oder auf Moselfränkisch Drees. Der Vulkanismus befindet sich in einer Ruhephase und es ist möglich, dass er irgendwann in der Zukunft wieder ausbrechen könnte. Doch keine Angst, ein Ausbruch ist nicht in Sicht. Bis die Feuerberge wieder spucken, können noch zehntausende, gar hunderttausende von Jahren vergehen.

Über diese Brücke musst du gehen

Auf der Geierlay kann man in 100 Metern Höhe über dem Abgrund spazieren. Die wohl schönste Hängeseilbrücke Deutschlands lockt hunderttausende von Menschen in den einsamen Hunsrück. Doch längst nicht alle sind schwindelfrei.

Früher ging es in Mörsdorf beschaulich zu. 620 Einwohner, eine Zwergschule, Lebensmittelladen. Zum Großeinkauf geht es ins nahe gelegene Kastellaun. Die Gemeinde liegt mitten im Hunsrück, rund 15 Kilometer von Cochem und Remmidemmi entfernt. Das ist zwar nicht gerade am Ende der Welt, man kann es jedoch von hier aus schon sehen. Lange Zeit kannte kaum jemand diesen entlegenen Winkel, nur wenige Autos fuhren durch die Straßen. Für Ausflügler gab es nicht viel tun.

Doch nun kommen jeden Tag Hunderte, teils rücken sie in Kleinbussen an. Sogar ein Parkleitsystem wurde nötig, um dem Touri-Ansturm noch Herr zu werden. Denn seit dem 3. Oktober 2015 gibt es im Hunsrück eine spektakuläre Attraktion: Die Hängeseilbrücke Geierlay sprengt alle erwarteten Besucher-Rekorde.

Ein Bauwerk wie im Himalaya

Erste Anlaufstelle ist das Besucherzentrum. Ab hier folgt die Karawane zu Fuß den grauen Schildern mit dem Geierlaylogo. Der Weg führt knapp zwei Kilometer durch die Hunsrücklandschaft. Dann hängt sie plötzlich da und verschlägt einem den Atem. Nach dem Vorbild nepalesischer Hängeseilbrücken schwingt sich die Geierlay von einem Brückenkopf zum anderen. 360 Meter lang ist der Weg zwischen Mörsdorf und dem Dorf Sosberg am anderen Ende der Stahl-Holz-Konstruktion.

Am Brückenkopf stehen Leute aller Altersgruppen herum. Einige fachsimpeln, andere verkünden, dass sie keinesfalls einen Fuß auf die Holzplanken setzen werden. So mancher geht tapfer los, um nach wenigen Metern doch wieder umzukehren. „Oha, die schwankt aber doch ganz schön", sagt eine Frau, etwas blass um die Nase. Da wird's einem mulmig im Bauch. Aber alle sind beeindruckt von diesem fantastischen Stück Ingenieurskunst.

Hier waren Schweizer Spezialisten am Werk. In einer Rekordzeit von nur sechs Monaten wurde die Brücke ab März 2015 im Mörsdorfer Bachtal gebaut. Dabei war der Vorschlag, eine solche Brücke zu bauen, zunächst als unrealisierbar verworfen worden. Doch drei Bürgern der Gemeinde, darunter der spätere Ortsbürgermeister Marcus Kirchhoff, ging die Brücke nicht aus dem Kopf. Sie griffen die Idee einige Jahre später nochmals auf und trieben die Entwicklung erfolgreich voran.

Rund 1,2 Millionen Euro hat die Geierlay laut Betreiber gekostet. Doch Abenteuerlustige müssen keinen Cent für den Adrenalinkick bezahlen. Völlig gratis gibt es fantastische Aussichten über ein Baumwipfel-Meer. Ganz unten, in 100 Metern Tiefe, plätschert ein Bach.

Solide Ingenieurskunst nach Schweizer Vorbild

Ein Mann auf der Brücke spekuliert nervös über die Anzahl der Besucher und wie viele Menschen das Bauwerk wohl aushält. Die Geierlay trägt 50 Tonnen Gewicht, wird auf der Homepage erklärt. Das entspricht etwa 600 Personen mit einem Durchschnittsgewicht von 80 kg. „So viele Menschen, wie die Brücke tragen würde, passen gar nicht drauf ", erklärt Marcus Kirchhoff. Die Fundamente der beiden Brückenköpfe stecken 25 Meter tief im Felsen. Zudem ist die Konstruktion mit Sicherungen versehen, so dass sie gar nicht stark schwanken kann. Sogar Windstärken bis zu 200 Stundenkilometern verkraftet die Brücke. Allerdings möchte wohl niemand bei solchen Stürmen auf einer Hängeseilbrücke stehen. Ohnehin kommt bei der Passage über die etwa einen Meter breite Brücke Abenteuer-Atmosphäre auf.

Allein in den ersten drei Wochen nach der Eröffnung strömten rund 45.000 Menschen in den einsamen Hunsrück, um die Geierlay zu überqueren oder zumindest live und in Farbe zu sehen. Inzwischen hat die Kamera an der Brücke schon mehr als 1,5 Millionen Wagemutige aus ganz Deutschland, Frankreich, Holland oder England gezählt. Der Touristenmagnet brachte Fremdsprachen in die kleine Gemeinde im strukturschwachen Naturparadies.

Dabei hatten Kritiker des Projekts damals sogar gezweifelt, dass überhaupt jemand komme werde. Doch dann fehlte es plötzlich an allem: An Parkplätzen, an Mülltonnen, an Klopapier. „Pro Monat wird Toilettenpapier für 200 Euro verbraucht", lacht Marcus Kirchhoff. Die Hängeseilbrücke hat eine sagenhafte Erfolgsgeschichte geschrieben. Längst wurden mehr Parkplätze für den Andrang geschaffen. Im Heimatmuseum, das früher keine fünf Besucher pro Monat sah, ist ein Café entstanden, ein zweites in der in der ehemaligen Dorfbäckerei. Gasthäuser machen gute Geschäfte, auch die Gastronomie im Besucherzentrum brummt. Aus dem beschaulich-verschlafenen Mörsdorf ist eine internationale Berühmtheit geworden.

Besucherzentrum Geierlay
Kastellauner Straße 23
56290 Mörsdorf

Anreise zur Geierlay
Anfahrt ab A61: Abfahrt Pfalzfeld Richtung B327 Hunsrückhöhenstraße – Richtung Kastellaun / Hermeskeil. Ab Kastellaun der Beschilderung nach Mörsdorf folgen.

Anfahrt ab A48: Abfahrt Kaifenheim, Richtung Treis-Karden. In Treis-Karden ab Moselbrücke Beschilderung nach Blankenrath /Kirchberg über Moselallee folgen. Nach Kloster Engelport halblinks Richtung Mörsdorf.

Anfahrt ab Trier: Über B327 Hunsrückhöhenstraße bis Kreisel bei Kastellaun, dort Beschilderung nach Mörsdorf folgen.

Gebührenpflichtige Parkzeit: 7 – 21 (nachts frei), mindestens 2 Stunden für 2 €, 4 Stunden für 4 € usw. Bitte Kleingeld bereithalten.

Eiskalt erwischt!

Wintermärchen in Kobern-Gondorf

Früher war angeblich mehr Winter. Tatsächlich ist es aber oft noch frostig genug, um die Weinberge mit Schnee zu bedecken. Wie wäre es mit einer Wanderung durchs Puderzucker-Wunderland? Auf dem Erbeskopf, unweit der Mosel, kann man sogar Schlittenfahren. Und wem's zu kalt wird, der steigt in den unterirdischen Weihnachtsmarkt.

Wandern durchs Winter-Wunderland

Die Dampfer ruhen im Winterquartier, jetzt ist die Luft besonders klar. Wenn es zu schneien beginnt, legen sich Flocken und Stille wie ein weißer Mantel übers Land. Wer jetzt nach Beilstein fährt, kann die romantischen Gässchen unbehelligt von Menschenmassen erkunden. Auch am Touristen-Magnet Burg Eltz ist in dieser Jahreszeit viel weniger los, weil die Tore geschlossen sind. Dennoch lohnt der Besuch schon wegen des Anblicks der Erker und Türmchen allemal. Wer in den dunklen Monaten eine Burg besichtigen will, schließt sich einer Führung durch die Reichsburg in Cochem an.

Verschneite Steillagen vor blauem Himmel, Eiskristalle, die in der Morgensonne glitzern – das sind die idealen Zutaten für eine Wanderung. Zum Beispiel an der Terrassenmosel. Die Aussicht von der Oberburg über Kobern-Gondorf ist atemberaubend. Eine andere Tour führt gut ausgeschildert durch Alken an der märchenhaften Burg Thurant vorbei.

Ein seltenes Naturschauspiel finden Wanderer mit etwas Glück im Dortbachtal. Denn in dem verschwiegenen Seitental der Mosel sprudelt ein kleiner Wasserfall, der im Winter eine sehenswerte Eiswand bildet. Der Einstieg in das Naturschutzgebiet liegt an der Bundesstraße B 49, rund einen Kilometer hinter Klotten in Richtung Pommern.

Ausgangspunkte für Wanderungen auf den Erbeskopf sind Thalfang, Allenbach oder Morbach. Doch auf dem mit 816 Metern höchsten Berg von Rheinland-Pfalz wird auch Snowboard, Ski und Schlitten gefahren, gegen Abend sogar mit Beleuchtung. Für einen besseren Blick hat man auf dem Gipfel die begehbare Skulptur „Windklang" aufgestellt. Allerdings muss man es mögen, dass man durch den Boden in die Tiefe blicken kann. In der Nähe wartet ein hölzerner Aussichtsturm darauf, bestiegen zu werden.

Im Hades von Traben-Trarbach

Eigentlich geht Weihnachtsmarkt so: Glühwein trinken, Bratwurst essen, in der Kälte stehen. Budenzauber über der Erde kennt jeder. Ganz anders in Traben-Trarbach: In dem Doppel-Städtchen weihnachtet es in der Unterwelt.

Von der Brücke aus kann man das Menschen-Gewimmel am Eingang schon sehen. Am Trarbacher Moselufer, unter dem Hotel Moselschlösschen, führt ein langer illuminierter Schacht im Halbdunklen tief in die Erde hinein. Früher wurden über diesen Gang schwere Eichenholz-Fässer mühsam nach draußen gerollt. Das ist jedoch lange her. Heute gibt es unter Tage die volle Vorweihnachts-Dröhnung.

Am Ende des Tunnels eröffnet sich ein großer Platz, unter Gewölbedecken stehen bunte Stände zwischen Basaltsäulen, Fässern und geschmückten Tannen. Der unterirdische Weihnachtsmarkt ist das wohl ungewöhnlichste Advents-Spektakel in der Region.

Nirgendwo sonst an der Mosel gibt es so viele Gewölbe unter dem Pflaster. Sie zeugen von der Zeit als das Doppel-Städtchen noch zu den mächtigen Handelsmetropolen zählte. Denn um 1900 war Traben-Trarbach der führende Weinumschlagplatz im Kaiserreich. Dazu trug die große Nachfrage nach Rieslingwein bei, aber auch die Tatsache, dass der Ort eine protestantische Enklave an der katholischen Mosel war. Käufer in den Niederlanden, England und Preußen waren auch Brüder im Glauben.

Die Händler brauchten immer mehr Platz, um ihre Fässer zu lagern. Deshalb wurde ein Keller nach dem anderen gebaut, manche davon über 100 Meter lang und über mehrere Etagen. Seitdem spannt sich unter den Straßen ein Labyrinth aus imposanter Schiefer- und Sandsteingewölben.

Inzwischen sind die Keller zwar leer, können aber bei Führungen besichtigt werden. Und immerhin vier davon beherbergen jährlich ab Ende November den weihnachtlichen Markt, der allerdings Wein-Nachts-Markt heißt. Unter Tage liegt der Duft nach gebrannten Mandeln und Zimt in der Luft. Auf die Ohren gibt's einen Geräuscheteppich aus Stimmengewirr und adventlichen Klängen. Hier kann man überall in Ruhe gucken, kaufen und kosten. Schokolade, Käse oder doch lieber Wurst? Es gibt Brotaufstriche, Uhren und Klamotten aus Strick. Gewürzhändler bieten ihre Ware feil, ebenso wie Kunsthandwerker und Schmuckdesigner. Weinbauern und Schnapsbrenner schenken ihre Schätze aus – weißen Glühwein gibt's unter Tage auch. Und noch etwas unterscheidet den Markt von anderen Weihnachtsmärkten in der Region: Während alle anderen vor den Feiertagen ihre Tore schließen, können Weihnachtsmarkt-Fans noch bis Anfang Januar in das Halbdunkel der Wein-Unterwelt steigen.

Tourist-Info Traben-Trarbach: Tel. 06541 / 8398-0
Am Bahnhof 5, 56841 Traben-Trarbach

Impressum

Mosel. Das Magazin für Entdecker

Konzeption, Texte & Redaktion: Carmen Sadowski, Köln

www.mosel-zweinull.de

© Eifel-Verlag: 2. aktualisierte Auflage, Jünkerath 2022. www.eifel-verlag.de, ISBN 978-3-943123-50-0

Eifel-Verlag ist ein Imprint im Gaasterland-Verlag, www.gaasterland-verlag.de

Stand Juni 2022. Alle Angaben wurden sorgfältig geprüft. Sollten dennoch Angaben fehlerhaft oder nach Drucklegung veraltet sein, bitten wir um einen Hinweis an: mail@eifel-verlag.de. Redaktion und Verlag übernehmen keine Haftung für fehlerhafte Angaben.

Bildnachweise

Titel: Achim Gaasterland (groß); Carmen Sadowski (3 x klein)

Carmen Sadowski: S. 7 oben; 13; 20; 21; 24 links; 25 rechts; 26 rechts u. links; 28; 29; 36; 37 rechts unten; 39; 40; 42; 47; 48; 50; 53; 63; 66; 68; 69 alle; 70; 71; 73; 76 alle; 78 rechts unten ; 84 rechts; 86; 94; 95; 98; 99; 101; 103. Klaus Breitkreutz, www.moselbild.de: S. 7 unten, „Deutsches Eck“; 8, „An der Fähre“; „Schleuse Lehmen“; 64, „Burg Thurant und Löf“. Achim Gaasterland: S. 10/11; 42. Jörg Haubrich: S. 14 links; 18; 19; 27; 43; 44; 45; 49; 55; 56; 57; 64; 77 links; 78 rechts; 83; 84 unten links; 87; 92; 93; 104; 105; 106 oben; 111. Dominik Ketz/Rheinland-Pfalz Tourismus GmbH: S. 4/5; 22/23; 24/25 oben; 34/35, 58/59; 60/61; 67; 74/75; 96/97; 108/109. Dominik Ketz /Eifel Tourismus GmbH: S. 100. Schroeder Fire Ballons GmbH: S. 12 links. Mosel Musikfestival VAGmbH: S. 12 rechts. MoveUp Adrenalin in nature GmbH & Co. KG: S. 15 rechts. Peter Krötz: S. 15 links. Verkehrsbüro Zeltingen Rachtig/Susanne Schug: S. 14 rechts. Stefan Heinz: S. 16/17. Heinz. M. Müller, www.moselbild.de: S. 24 rechts, „Moselschleife bei Bremm“. Peter Mendgen, www.moselbild.de: S. 25 links, „Blick vom Prinzenkopf“; 26 oben, „Frost über der Kanonenbahn“; 37 rechts oben, „Mauereidechse“, 40 links oben, „Schloss Veldenz“, 107 „Geierlay“. Trier Tourismus- und Marketing GmbH: S. 30; 31 links u. Mitte; 33. Stadtbibliothek/Stadtarchiv Trier: S. 32 rechts. Günter Lauer, www.moselbild.de: S. 41, „Bks Cusanusstift“. Anton Gadiot, www.moselbild.de: S. 46 „Beilstein Weingasse“. Chris Marmann: S. 7 oben. Weingut Franzen: S. 71; S. 77 oben rechts. www.zeltinger-hof.de: S. 80/81; 82 links. Springiersbacher Hof: S. 85. Petra Stünning: S. 90; 91. www.reinhard-reinders.de: S. 88/89. Helmut Gassen/Eifel Tourismus GmbH: S. 102. Victoria Hendgen/Rheinland-Pfalz Tourismus GmbH: S. 110. Villa Melsheimer: S. 80/81; S. 82; S. 84 oben links. Weingut Borcherts: S. 85. Thomas Krämer: S. 65, (https://commons.wikimedia.org/wiki/File:Ruine_Winneburg.jpg, „Ruine Winneburg“), https://creativecommons.org/licenses/by-sa/3.0/legalcode. Wolkenkratzer, S. 32/33 oben, (https://commons.wikimedia.org/wiki/File:Trier_126x.jpg), https://creativecommons.org/licenses/by-sa/4.0/legalcode